Liebe Mütter, liebe Väter,

als Eltern tun Sie alles, damit aus Ihren Kindern gesunde, zufriedene und selbstständige Erwachsene werden können. Eine wichtige Rolle spielen dabei auch das Vorlesen und gemeinsame Lesen. Beides ist für die Entwicklung von Kindern genauso förderlich wie gesunde Ernährung oder Bewegung! Außerdem gibt es fast nichts Schöneres für ein kleines Kind als mit Mama oder Papa zu kuscheln und dabei die neuesten Abenteuer ihrer fantasievollen Helden zu hören. Vorlesen schafft eine Atmosphäre von Vertrauen und Geborgenheit und stärkt die Bindung zwischen Eltern und Kindern. Damit es von Anfang an gelingt und allen Spaß macht, haben wir hier einige Tipps für Sie zusammengestellt:

Nehmen Sie sich Zeit
Schenken Sie Ihrem Kind beim Vorlesen Ihre volle Aufmerksamkeit, Ruhe ist dafür sehr wichtig. Die Vorlesezeit kann zu einem geliebten Ritual werden, wenn sie regelmäßig stattfindet, zum Beispiel kurz vor dem Schlafengehen, um den Tag gemeinsam ausklingen zu lassen.

Lesen Sie stimmungsvoll vor
Wenn Sie Ihre Stimme und Vorlese-Lautstärke der Handlung anpassen, erhöhen Sie die Spannung und den Zuhör-Spaß. Sprechen Sie laut, deutlich und so langsam, dass Ihr Kind Ihnen gut folgen kann.

Fördern Sie die Konzentration Ihres Kindes
Indem Sie Fragen zur Geschichte stellen, ermuntern Sie Ihr Kind, ganz genau hinzuhören. Zum Beispiel: Was ist da passiert?

Regen Sie zum Nachdenken an
Beziehen Sie durch Fragen die Alltagserfahrungen Ihres Kindes ein. Zum Beispiel: Ist dir das auch schon einmal passiert? Was würdest du machen?

Lassen Sie Ihr Kind kreativ werden
Regen Sie Ihr Kind an, die Geschichte weiterzuerzählen oder ein Bild dazu zu malen.

Wir wünschen Ihnen und Ihren Kindern wundervolle gemeinsame Momente.

Ihre

Stiftung **Lesen**

Weitere Lese- und Medientipps gibt es auf www.stiftunglesen.de

Mondschein-Geschichten

Mondschein-Geschichten

89 Geschichten zum Vorlesen und Träumen

ullmann medien

Birkenstraße 10, 14469 Potsdam

Umschlaggestaltung: Stefanie Brüssel, Potsdam
unter Verwendung eines Motivs von Ute Krause

Gesamtherstellung: Ullmann Medien GmbH, Potsdam

ISBN 978-3-7415-0066-4

Inhalt

Träum schön, kleine Nixe

Ingrid Uebe/Sigrid Leberer

Die Freunde von der Arche Noah

Ingrid Kellner/Pieter Kunstreich

Hier kommt die Wilde Feuerwehr

Michael Schober

Lach mit uns, kleiner Bär
Julia Boehme/Sven Leberer

Geburtstag bei Familie Hase
Ingrid Kellner/Ute Krause

Trixis erstes Hexenfest
Ingrid Kellner/Regine Altegoer

Frohe Weihnachten, Familie Eisbär!
Ingrid Kellner/Michael Schober

Ingrid Uebe

Träum schön, kleine Nixe

Mit Bildern von Sigrid Leberer

Die Mondleiter

Die kleine Nixe Melusinchen lässt sich von ihren zwölf Freunden jeden Abend die schönsten Gutenachtgeschichten erzählen. Diesmal beginnt der Seestern:
Jeden Abend ruft der Mond oben am Himmel die Sterne zusammen und stellt alle an ihren Platz. Manchmal haben die Sterne gar keine Lust, die ganze Nacht still zu stehen. Sie möchten nicht stundenlang nur leuchten. Besonders die kleinen wollen viel lieber noch über den Himmel flitzen und hinter den Wolken Verstecken spielen. Und solange der Mond nicht schimpft, tun sie das auch.

Eines Nachts geschah es, dass ein besonders wilder kleiner Stern mitten im schönsten Flitzen und Spielen zwischen zwei Wolken hindurchrutschte. Er fiel auf die Erde hinab, mitten ins Meer. Der kleine Stern sank immer tiefer, konnte sich nirgendwo festhalten und kam erst ganz unten zur Ruhe.
Zum Glück hatte der Mond, der auf alle Sterne gut Acht gibt, das Unglück bemerkt. Und zum Glück wusste er gleich einen Rat. Er flocht aus seinen hellsten und stärksten Strahlen eine lange Leiter und ließ sie ins Meer hinab. Tiefer und tiefer! Das dunkle Wasser wurde ganz silbern davon.
Der kleine Stern, der zu Tode erschrocken unten auf dem Meeresgrund lag, atmete auf. Sobald die Leiter den Boden berührte, schwamm er hin und kletterte Stufe für Stufe hinauf. Der Weg war weit und das Klettern sehr anstrengend. Aber um Mitternacht hatte der kleine Stern es endlich geschafft. Brav stellte er sich an seinen Platz. Er nahm sich vor, von nun an nicht mehr so wild zu toben. Oder jedenfalls besser aufzupassen!

Die Gespensterzwillinge

Die nächste Geschichte erzählt die Qualle. Und diese Geschichte geht so:
Oben auf der Erde gibt es einen hohen Berg. Darauf steht ein uraltes Schloss. Darin wohnte einmal eine Gespensterfamilie – Vater, Mutter und zwei Kinder. Die Kinder waren Zwillinge und sahen sich so ähnlich, dass man sie kaum auseinander halten konnte. Und weil sie, wie alle Gespenster, nur weiße Kleider tragen durften, wurden die beiden oft verwechselt. Sogar von ihren eigenen Eltern.

Mit der Zeit hatten die Zwillinge ihre Ähnlichkeit und ihre Kleider gründlich satt. Sie beschlossen also, etwas dagegen zu tun. Auf alle Fälle gegen die Kleider.

Noch am selben Abend schwebte das eine Gespensterkind in den Schlosshof hinunter. Dort saß ein Maler vor der Rosenhecke und malte im letzten Tageslicht mit Pinsel und Farbe ein Bild voll herrlicher Blüten.
„Mal mir mein weißes Kleid so rot wie diese Rosen!", verlangte das kleine Gespenst. Und der Maler gehorchte.
Nicht lange danach kam das andere Gespensterkind und verlangte ebenfalls: „Mal mir mein weißes Kleid so rot wie diese Rosen!" Auch diesmal gehorchte der Maler.
Um Mitternacht trafen sich die beiden Gespensterkinder auf der Schlosstreppe. Zuerst kriegten sie einen Schreck. Dann mussten sie lachen. Endlich stellten sie sich vor einen Spiegel. Darin sahen sie sich so ähnlich wie immer. Aber ihre rosenroten Kleider gefielen ihnen viel besser als die langweiligen weißen von früher.

Der verzauberte Fisch

Die nächste Geschichte erzählt der Kugelfisch. Und diese Geschichte geht so:
Im Schloss über dem Meer lebte einmal ein Prinz. Für den gab es nichts Schöneres als seinen Fußball. Er spielte damit, wo er ging und stand. Einmal nahm er ihn mit ans Meer und dribbelte ihn stundenlang über den Strand.
Abends schoss er seinen Ball vor lauter Müdigkeit ins Meer. Weit, weit hinaus! Der Prinz war ganz verzweifelt, denn er konnte nicht schwimmen.
Plötzlich steckte ein großer Fisch seinen Kopf aus dem Wasser und fragte: „Was gibst du mir, wenn ich dir deinen Ball zurückhole?“
„Was willst du denn haben?“, fragte der Prinz zurück.
„Einen Kuss!“, sagte der Fisch.
Der Prinz fand das nasse Tier ausnehmend hässlich. Aber weil er seinen Ball unbedingt wiederhaben wollte, knurrte er: „Meinetwegen.“
Da tauchte der Fisch ins Meer, schwamm eilig weit, weit hinaus und holte den Fußball an Land. Der Prinz überlegte, ob er seinen Fußball nehmen und einfach weglaufen sollte. Doch weil er ein ehrlicher Kerl war, schloss er die Augen und küsste den Fisch auf sein grässliches Maul.

Im selben Moment gab es einen lauten Knall ... Und als der Prinz seine Augen aufmachte, hatte sich der hässliche Fisch in ein nettes Mädchen verwandelt. Es sagte: „Wenn du Lust hast, können wir Fußball spielen.“
Natürlich hatte der Prinz große Lust! Er nahm das Mädchen mit auf sein Schloss und spielte jeden Tag mit ihm Fußball. Von morgens bis abends.

Das fliegende Schiff

Die nächste Geschichte erzählt der Aal. Und diese Geschichte geht so:
Ich nehme an, ihr habt alle schon von Fiete Flunkerfix gehört, dem berühmtesten Kapitän aller Zeiten. Niemand hat so tolle Abenteuer erlebt wie er. Einmal geriet Fiete Flunkerfix mit seinem Segelschiff, der „Windsbraut", in einen gewaltigen Sturm. Dem Kapitän lachte das Herz. Er liebte nichts so sehr wie gewaltige Stürme und haushohe Wellen.
Er holte die Segel nicht ein, sondern sah zu, wie sie sich blähten und die „Windsbraut" immer schneller über die wogende See trugen – bald tief hinab, bald hoch hinauf. Der Mast knarrte und ächzte, aber er brach nicht!
Die Matrosen banden sich mit Stricken an die Reling, damit sie nicht über Bord gingen. Die beiden Schiffsjungen verkrochen sich unter dem Rettungsboot. Der Kapitän aber hielt das Steuer fest in der Hand und seine Pfeife fest zwischen den Zähnen.
Immer schneller wurde die Fahrt. Bald sank die „Windsbraut" nicht mehr in die Wellentäler hinab, sondern glitt einfach darüber hinweg. Sie flog von Woge zu Woge. Sie flog ... Ja, wirklich – sie flog! Federleicht hob sie sich aus dem schäumenden Meer, stieg höher und höher hinauf, bis ihre Segel die Wolken berührten.
Fiete Flunkerfix ließ das Steuer nicht los. Er lenkte sein Schiff durch die sausende Luft über Afrika hinweg bis zum Indischen Ozean. Da legte sich der Sturm endlich. Die „Windsbraut" senkte sich und kam auf sanften Wellen zur Ruhe.

Ein Ball am Strand

Die nächste Geschichte erzählt die Robbe. Und diese Geschichte geht so:
Als ich noch klein war, fand ich eines Tages am Strand einen bunten Ball. Zuerst betrachtete ich ihn von allen Seiten. Dann stupste ich ihn mit meiner Nase. Und schließlich begann ich, mit ihm zu spielen. Das machte mir großen Spaß. Der Ball war leicht und fest und tat alles, was ich wollte. Ich hatte noch nie ein schöneres Spielzeug gehabt.

Abends versteckte ich den Ball hinter ein paar großen Steinen. Am nächsten Morgen holte ich ihn gleich wieder hervor und begann aufs Neue zu spielen. Nach einer Weile bemerkte ich ein kleines Mädchen. Es lief am Meer entlang und schien etwas zu suchen. Als es mich sah, blieb es stehen und sagte: „Hallo, Robbe! Kann es sein, dass der Ball, mit dem du da spielst, gar nicht dir gehört?“
„Oh doch!“, antwortete ich. „Den Ball habe ich neulich zum Geburtstag bekommen.“
Das kleine Mädchen blickte mich traurig an. „Ich hatte auch so einen Ball“, sagte es. „Ich habe ihn gestern hier vergessen.“ Es setzte sich hin und weinte.
Ich spielte weiter. Aber es machte mir keinen Spaß mehr. Endlich legte ich dem kleinen Mädchen den Ball in den Schoß und sagte: „Ich habe nicht die Wahrheit gesagt. Der Ball gehört dir. Ich habe ihn gestern hier gefunden und wollte ihn gern behalten, weil er so schön ist.“
„Wir können zusammen damit spielen“, sagte das Mädchen. Und das taten wir. Tausend und einen Tag!

Achtarm

Die nächste Geschichte erzählt der Krake. Und diese Geschichte geht so:
Ich heiße Achtarm. Alle nennen mich so, weil ich acht Arme habe. Ich bin sehr zufrieden damit. Doch ich muss gestehen, dass das nicht immer so war.
Früher schämte ich mich, weil ich fast nur aus Armen bestehe. Ich verkroch mich tagsüber am liebsten in meiner Felsenhöhle und kam erst abends heraus.

Einmal schwamm ich in der ersten Dämmerung zu einem versunkenen Schiff. Dort traf ich die kleine Nixe Undinchen. Sie hatte in dem Schiff eine Menge kostbaren Schmuck gefunden. Undinchen war nun sehr betrübt, weil sie nicht wusste, wie sie den nach Hause bringen sollte. Der Schmuck war nämlich ziemlich schwer.
Ich überlegte nicht lange, sondern streckte gleich meine acht Arme aus. An denen war reichlich Platz für all die blitzenden Ketten, Reife und Ringe. Undinchen begriff das sofort und klatschte erfreut in die Hände. Danach streifte sie mir immer neue Schmuckstücke über. Ich musste nichts tun als still halten.
Erst als ich beim besten Willen nichts mehr tragen konnte, gab die kleine Nixe endlich Ruhe.
„Jetzt trag mir die Sachen heim!", sagte sie und machte sich flink auf den Weg zu ihrem Häuschen. Ich folgte ihr langsam und vorsichtig und passte auf, dass ich kein Ringlein verlor.
Seitdem ist die Nixe Undinchen meine Freundin. Darüber bin ich sehr froh. Acht Arme sind gar nicht so schlecht. Man muss sie nur richtig gebrauchen!

Keine Angst, kleiner Fisch!

Die nächste Geschichte erzählt der Stachelfisch. Und diese Geschichte geht so: Mitten im großen, blauen Meer lebte einmal ein kleiner, silberner Fisch. Der fürchtete sich vor den scharfen Zähnen der Haie und vor den großen Mäulern der Wale und vor den langen Armen der Kraken.
Der kleine, silberne Fisch war einmal am Haus des Wassermanns vorübergeschwommen. Dort hatte er in einer blanken Fensterscheibe sein Spiegelbild entdeckt.
Seitdem nahm er vor den Haien, den Walen und den Kraken lieber Reißaus. Er versteckte sich auf dem Meeresgrund in einer Felsenhöhle. Und der kleine Fisch kam nur heraus, wenn er es vor Hunger nicht mehr aushalten konnte.
So vergingen viele Tage, Wochen und Monate. So verging endlich ein ganzes Jahr. Da schwamm der kleine, silberne Fisch in einer hellen Mondnacht, als die Haie, die Wale und die Kraken zu einem Piratenschiff unterwegs waren, wieder am Haus des Wassermanns vorbei. Wieder spiegelte er sich in einer blanken Scheibe.
Und was entdeckte er diesmal? Na, so eine Überraschung! Es waren ihm viele lange, spitze Stacheln gewachsen. Die Stacheln schützten seinen nackten, empfindlichen Leib.
Glücklich spiegelte sich der kleine, silberne Fisch ein paarmal in der blanken Scheibe.
Dann machte er sich auf den Heimweg. Und all die Haie, die Wale und die Kraken, die er unterwegs traf, schwammen einfach vorbei und sagten freundlich: „Hallo!“

Die Maus und die Perle

Die nächste Geschichte erzählt die Muschel. Und diese Geschichte geht so:
Weit, weit von hier lebte einmal eine Prinzessin. Die besaß eine Menge kostbaren Schmuck aus Gold und aus Silber, mit funkelnden Edelsteinen besetzt. Die Prinzessin liebte all ihre Ringe, Reife, Armbänder und Broschen.
Doch am allerliebsten hatte sie eine Halskette aus schimmernden Perlen.
Aber eines Tages – oh Schreck! – zerriss die Schnur der Kette, und die Perlen rollten überallhin. Alle suchte und fand man wieder. Nur eine war in ein Mauseloch gerutscht und blieb trotz aller Mühe verschwunden.
Die Prinzessin weinte bitterlich, Tage und Nächte hindurch. Das hörte die Maus, die in dem Mauseloch wohnte. Es war eine ziemlich arme Maus, die sich mühsam von heruntergefallenen Brotkrümeln und Käsebröckchen ernährte. Und obwohl sie die schöne Perle gern behalten hätte, rollte sie sie schließlich hervor und gab sie der Prinzessin zurück.

Da war die Freude groß. Die Prinzessin ließ alle Perlen gleich wieder auffädeln und sorgfältig verknüpfen. Dann legte sie sich die Kette um und betrachtete sich glücklich im Spiegel.
Die Maus aber musste nie mehr in ihr Mauseloch zurück. Sie durfte vom Tisch und vom Teller der Prinzessin die köstlichsten Speisen knabbern. Sie durfte in ihrem seidenen Bett schlafen. Sie durfte im schattigen Park mit ihr spielen und in der goldenen Kutsche mit ihr spazieren fahren, solange sie lebte.

Im Garten der Meerhexe

Die nächste Geschichte erzählt die Seespinne. Und diese Geschichte geht so:
Weit, weit von hier wohnt die böse Meerhexe in einer felsigen Höhle. Vor der Tür hat sie einen großen Garten mit vielen bunt blühenden Pflanzen. Die bewegen sich im Wasser sacht hin und her und locken die Fische an – die großen und die kleinen, die runden und die platten, die dummen und die schlauen.
Die böse Meerhexe wartet nur darauf, dass die Fische in ihren Garten kommen und an den saftigen Pflanzen knabbern. Wenn dann genug im Garten versammelt sind, wirft sie leise, ganz leise ein riesiges Netz aus und zieht es schnell in die Höhle.
Die Fäden für dieses Netz hat sie selbst gesponnen. Die Maschen hat sie mit ihren eigenen Händen gewebt. Das Netz ist stark und fest, und kein Fisch der Welt kann es zerreißen.
Einmal aber geriet mit den Fischen auch ein Krebs in das Netz der Meerhexe. Der war anfangs vor Schreck wie gelähmt und wehrte sich nicht, als sich die Fäden zusammenzogen. Aber im letzten Augenblick, als die Hexe das Netz eben in die Höhle ziehen wollte, erinnerte er sich an seine Scheren und lachte.

„Keine Angst, liebe Fische!“, rief er und ging sofort an die Arbeit. „Ratsch!“, machte es. Und wieder: „Ratsch!“ Schon öffnete sich ein Loch. Es wurde größer und breiter und ließ alle Fische hinaus. Na klar, den Krebs auch! Die böse Meerhexe ballte die Fäuste und schimpfte hinter ihm her.

Schwimm, kleiner Pinguin!

Die nächste Geschichte erzählt die Seeschnecke. Und diese Geschichte geht so: Am südlichen Eismeer wohnte einmal ein kleiner Pinguin, der ging immer zu Fuß und kam nur sehr langsam vorwärts. Er war noch nie im Wasser gewesen. Also konnte er auch nicht schwimmen. Davon war er fest überzeugt.
Wenn seine Eltern munter durch die Wellen tauchten, stand der kleine Pinguin traurig am Ufer und sah ihnen sehnsüchtig nach.
„Schwimm, kleiner Pinguin!", riefen sie ihm zu. „Versuch es einfach! Du kannst es bestimmt!"
Aber der kleine Pinguin traute sich nicht.
An einem strahlend blauen, eiskalten Tag ging er ganz allein am Strand entlang – Patsch! Patsch! – mit seinen kurzen Beinen und seinen kleinen Füßen. Da hörte er über sich plötzlich ein gewaltiges Rauschen. Als er erschrocken hinaufblickte, sah er einen großen Vogel. Der zog immer engere Kreise und senkte sich tiefer und tiefer herab.
Der kleine Pinguin wusste sofort, dass er sich vor dem großen Vogel so schnell wie möglich in Sicherheit bringen musste. Aber wie sollte er das – mit seinen kurzen Beinen und seinen kleinen Füßen?

Er wartete nicht, bis ihm die richtige Antwort einfallen würde. Er stürzte sich einfach ins Meer, tauchte ein, tauchte unter und konnte auf einmal schwimmen. Er bewegte sich so leicht und schnell, wie ihm das an Land nicht gelingen wollte. Und er war so glücklich wie niemals zuvor.

Ein ungemütlicher Ritt

Die nächste Geschichte erzählt das Seepferdchen. Und diese Geschichte geht so: Im Wald hinter dem Meer lebte einmal eine kleine Hexe ganz allein in ihrem gemütlichen Häuschen. Das Alleinsein machte ihr nichts. Wenn sie jemanden sehen wollte, setzte sie sich auf ihren Besen und ritt los.

Einmal traf die kleine Hexe beim Pilzesammeln mitten im Wald einen Prinzen. Er saß auf einem stolzen Pferd, trabte zuerst den Weg entlang und galoppierte dann über die Wiese. Die kleine Hexe fand das Pferd viel schöner als ihren Besen. Deshalb fragte sie den Prinzen: „Lässt du mich auch mal reiten?" Aber der Prinz sagte Nein.

Die kleine Hexe nahm ihren Korb und tat so, als mache sie sich auf den Heimweg. In Wirklichkeit versteckte sie sich aber im Gebüsch. Sie wartete, bis der Prinz sich in den Schatten einer großen Eiche legte, um eine Mittagspause zu machen. Sein Pferd hatte er vorher an einen Ast gebunden. Kaum war er eingeschlafen, da kam die kleine Hexe hervor. Sie machte das Pferd los und schwang sich in den Sattel. Juchhuh, schon ging es los! Aber das Pferd bewegte sich ganz anders als ihr Besen. Es rüttelte und schüttelte die kleine Hexe tüchtig durch. Sie rutschte von einer Pobacke auf die andere. Schließlich konnte sie sich nicht mehr halten. Da fiel sie laut schreiend herunter. Mühsam rappelte sie sich auf und schlich nach Hause. Sie wusste jetzt: Ihr Besen war nicht so schön wie das Pferd, aber entschieden bequemer!

Der kleine Pirat

Die letzte Geschichte erzählt die Schildkröte. Und diese Geschichte geht so:
Übers Meer segelte einmal ein großes Segelschiff voller Piraten. Der jüngste und kleinste von ihnen wurde oft ausgelacht und beschimpft. Er war nämlich bei allem der Letzte. Ganz egal, ob die Piraten nun ein fremdes Schiff kaperten oder das eigene Deck schrubbten – der kleine Pirat wurde nie rechtzeitig fertig.
Eines Tages war der Kapitän es leid: Er steuerte eine einsame Insel an und setzte den kleinen Piraten dort aus. Das war sehr gemein.
Aber der kleine Pirat regte sich nicht weiter darüber auf. Er fand auf der Insel eine frische Quelle. Er fand Bananen und Kokosnüsse. Und schließlich fand er sogar einen Schatz, eine große Kiste voll goldener und silberner Taler.
Der kleine Pirat legte sich in die Sonne und sah abwechselnd auf das Meer und auf seinen Schatz. Beides blinkte sehr schön und erfreute sein Herz.
Eines Morgens sah der kleine Pirat in einiger Entfernung ein Fischerboot. Er überlegte eine Weile und band dann sein Kopftuch an einen langen Ast. Damit winkte er durch die Luft.

Es verging kaum eine Stunde, da sah ihn der Fischer und holte ihn mitsamt dem kostbaren Schatz an Bord.
Der kleine Pirat belohnte ihn gut, behielt aber so viel übrig, dass er sich an Land ein prächtiges Haus bauen konnte. Da saß er dann abends auf der Terrasse und dachte zufrieden: „Ich war bei allem der Letzte. Aber reich geworden bin ich schneller als alle anderen Leute!“

Na dann – gute Nacht!

Papa Wassermann kommt nach Hause. Behutsam schließt er die Tür auf. Lautlos schleicht er den Flur entlang. Vorsichtig schaut er ins Kinderzimmer.
Ja, Melusinchen schläft. Aber nicht nur sie! Ihre zwölf Freunde schlafen auch. Alle haben es sich auf ihren Stammplätzen bequem gemacht. Sie atmen leise und lächeln im Traum.
Papa Wassermann schmunzelt. Es ist jeden Abend dasselbe! Immer noch schmunzelnd zieht er sich wieder zurück.
Bald darauf liegt er ebenfalls im Bett. Aber leider kann er nicht gleich einschlafen. Er denkt, dass es schön sein muss, wenn einem jemand zum Müdewerden noch eine Geschichte erzählt!

Eine Weile wälzt sich Papa Wassermann schlaflos in seinem Bett. Dann tastet er im Dunkeln auf seinem Nachttisch herum und macht das Radio an. Vielleicht hat er Glück. Vielleicht erzählt da gerade jemand eine Geschichte.
Tatsächlich! Aus dem Radio kommt eine Stimme. Eine sehr nette Stimme. Sie erzählt wirklich eine Geschichte. Und diese Geschichte geht so:
Es war einmal ein Hering, der traf spät in der Nacht drei kleine Sardinen. Die drei kleinen Sardinen sagten: „Ach, lieber Hering, erzähl uns doch bitte eine Geschichte!“ Da fing der Hering an: „Es war einmal ein Hering, der traf spät in der Nacht drei kleine Sardinen. Die drei kleinen Sardinen sagten: ‚Ach, lieber Hering, erzähl uns doch bitte eine Geschichte!‘ Da fing der Hering an: ‚Es war einmal ein Hering ...‘“
Na, bitte! Nun schläft Papa Wassermann auch.

Ingrid Kellner

Die Freunde von der Arche Noah

Mit Bildern von Pieter Kunstreich

Wind und Sonne

Hui, wie der Wind stürmt und pfeift! Er bläst die Wolken weg. Die Sonne strahlt und ruft: „Danke, lieber Wind! Endlich kann ich wieder auf die Erde scheinen. Vierzig Tage lang habe ich nicht durchgeblickt. Was war denn los?“

„Ach“, sagt der Wind, „Gott war auf die Menschen sauer. Er wollte sie nicht mehr sehen. ‚Schieb alle Wolken zusammen‘, hat er zu mir gesagt. ‚Ich lass es regnen, bis alle weggeschwemmt sind.‘“

„Ach du lieber Gott“, sagt die Sonne erschrocken, „das ist aber hart.“

„Ja“, sagt der Wind, „genau das hab ich auch gesagt: ‚Gott, mach das bitte nicht! Ich kenne da einen, den Noah, das ist ein guter Mensch, der mag dich, den kannst du nicht so böse strafen.‘

‚Ich weiß, aber danke, dass du mich noch mal erinnerst‘, sagte Gott. ‚Ja, es wäre wirklich schade um ihn. Und um die Tiere auch, die haben mich nicht enttäuscht.‘

Dann hat Gott dem Noah im Traum geflüstert, dass er ein Schiff bauen soll und von allen Tieren ein Pärchen mitnehmen soll, dann kann ihnen nichts passieren. Das hat Noah auch gemacht. Und jetzt, wo die Überschwemmung vorbei ist, sind sie irgendwo gelandet.“

„Na, dann mach ich mich mal an die Arbeit“, sagt die Sonne und steigt höher. „Ich will die Erde wieder wärmen und trocknen.“

„Ich helf dir gerne dabei“, sagt der Wind. „Hui, auf los geht's los!“

Murmeltiers Berg

Ein Regenbogen schwebt freundlich am Himmel. Die Arche ruckelt noch ein wenig und steht still.
Noah macht das Fenster auf, und Murmeltier springt als Erster von Bord: „Juhu, gelandet!“ Er fühlt sich auf dem Berg gleich wie zu Hause und findet bald eine trockene Höhle. Und dann kriegt Murmeltier Hunger.
Ja, da wächst ein wunderbares Grasbüschel! Doch plötzlich ringelt sich eine große schwarze Zunge drum herum, rupft es aus, und alles verschwindet nach oben.
„He, was soll denn das?“, ruft Murmeltier empört.

Vier gefleckte Beine ragen in den Himmel, der Rest ist in den Wolken. Murmeltier wird es schwindlig. Jetzt beugt sich ein langer Hals zu ihm herunter.
„Wer bist du?“, fragt Murmeltier.
„Ich bin eine Giraffe“, sagt die Giraffe. „Ich war auch auf der Arche. Erinnerst du dich nicht?“
„Ich hab die ganze Zeit geschlafen“, sagt Murmeltier verlegen, „weil die Arche so schön geschaukelt hat.“
„Steile Gegend hier“, sagt eine zweite Giraffe und stakst vorsichtig Richtung Tal.
Murmeltier wundert sich. Was da alles daherkommt: Kamele, Warzenschweine, Antilopen, Tiger, Zebras, Gnus, Leoparden, Nashörner und Nilpferde. Zwei Krokodile rutschen auf dem Bauch vorbei, und zwei Hyänen lachen tierisch. Dann kommt niemand mehr.
Murmeltier denkt: „Jetzt gehört der Berg mir ganz allein“, zockelt in seine Höhle und schläft gleich wieder ein.
So ein Murmeltier!

Tierbabys

Am nächsten Tag hoppelt Murmeltier neugierig die Gipfelwiese zur Arche hinauf. Frau Noah schüttelt gerade die Betten aus, und Herr Noah steigt eilig die Schiffsleiter herunter.

„Ich muss mich unbedingt um die Elefanten kümmern", sagt er.
„Elefanten", schreit Murmeltier. „He, Herr Noah, was sind denn Elefanten?" Weil Murmeltier die Zeit auf der Arche total verschlafen hat, weiß er natürlich nicht, was Elefanten sind.
„Das wirst du gleich sehen", sagt Herr Noah und öffnet ein großes Tor im Bauch der Arche. Murmeltier stößt vor Erstaunen einen lauten Pfiff aus. Ach du großer Schreck! Herr Noah führt zwei graue Riesen heraus, mit Beinen, jeder so dick wie ein Baumstamm. Im Gesicht haben sie dünne Baumstämme hängen, die sind sogar beweglich. Damit rupfen sie gleich das beste Gras von der Wiese weg.
„He, Herr Noah", ruft Murmeltier, „warum gehen die Elefanten nicht heim? Sie fressen ja alles kahl auf meinem Berg."
„Darum nicht", sagt Herr Noah und deutet auf einen Winzling zwischen den Baumstammbeinen von Mutter Elefant. „Das ist der kleine Elefant, siehst du?"
Murmeltier überlegt: „Sicher kann er noch nicht so weit laufen, bis in den Dschungel und so."
„Richtig", sagt Frau Noah. Sie guckt von der Arche runter. „Magst du nicht raufkommen, Murmeltier, und dir die anderen Babys anschauen? Wir haben gestern früh vier neue gekriegt."
„Da bin ich aber neugierig", sagt Murmeltier.

Der kleine Löwe

Murmeltier klettert eilig die Schiffsleiter hinauf. „Nur hereinspaziert", sagt Frau Noah freundlich.
Im Inneren der Arche gibt es viele Zimmer, eins davon ist das Kinderzimmer. Frau Noah klopft leise an.
„Uuaah", tönt es.
„Sie ist wach", sagt Frau Noah. „Wir dürfen reinkommen."

Eine schöne Löwin, gelb wie eine Sonnenblume, streichelt mit ihrer Zunge vier winzige Löwenbabys. Sie haben sich an ihren Bauch gekuschelt und saugen gute Löwenmilch.
„Hört mal, wie sie schmatzen", sagt Mutter Löwe.
„Es schmeckt ihnen", sagt Frau Noah. „Darf ich Murmeltier eins zeigen?" Mutter Löwe nickt, und Frau Noah nimmt ein Baby hoch. Plötzlich stürzt ein riesiger Löwe ins Kinderzimmer. Murmeltier verschwindet wie der Blitz in der Spielzeugkiste. Mächtig und prächtig steht der Löwe da und brüllt: „Darf ich jetzt endlich auch mal meine Kinder sehen?"
„Aber ja", sagt Frau Noah und zeigt ihm den kleinen Löwen in ihrem Arm: „Ist er nicht süß?"
„Kommt mir ein bisschen mickrig vor", knurrt Vater Löwe.
„Er ist nicht mickrig, Leo", grollt die Löwin. „Der Kleine ist für sein Alter sehr kräftig. Du hast von Babys null Ahnung!"
„Ist ja gut", sagt Frau Noah. „Streitet euch nicht!"
Vater Löwe schnuppert an seinem Söhnchen. „Er riecht richtig." Da maunzt der Baby-Löwe wie ein Kätzchen. „Gut gebrüllt, kleiner Löwe", sagt sein Vater stolz.
Murmeltier lacht leise.

Nicht so wild, kleiner Löwe!

Papa und Mama Löwe liegen faul in der Sonne. Autsch! Was ist denn das? Der kleine Löwe beißt in den Schwanz seines Vaters und lacht: „Ich hab dich gefangen, Papa."
„Fang dir was anderes", knurrt Vater Löwe verärgert.
„Geh spielen", sagt Mutter Löwe sanft.
Da duckt sich der kleine Löwe und übt Anschleichen.
„Perfekt", sagt Vater Löwe. „Das macht er richtig gut!"

„Huah!" Der kleine Löwe brüllt wie ein großer Löwe und stürzt sich mutig auf einen Kiefernzapfen.

„Mäh-hä-hä", meckert es plötzlich. „Mäh-hä-hä!" Erschrocken schaut der kleine Löwe hoch. Auf dem Felsen über ihm steht eine kleine, braune Ziege.
„Willst du mit mir spielen?", fragt sie. „Du sollst ein wilder Berglöwe sein, und ich bin ein Steinbock mit sooo großen Hörnern."
Dann springt die kleine Ziege mit einem Satz zu dem kleinen Löwen hinunter, senkt den Kopf und geht auf ihn los.
„Mama!", ruft der kleine Löwe entsetzt und haut ab.
Vater Löwe räuspert sich. „Ich weiß nicht, ob die kleine Ziege die richtige Freundin für unseren kleinen Löwen ist."
„Hmm", sagt Mutter Löwe, „sie ist so wild, nicht wahr?"
„Kleine Löwen brauchen vielleicht noch nicht gleich so wild zu sein wie große Löwen", meint Vater Löwe und zuckt verlegen mit der Schwanzspitze.
„Da hast du völlig Recht, Leo", lächelt Mutter Löwe.

Das Wichtigste im Leben

Die kleine Ziege springt für ihr Leben gern die Felsen rauf und runter. Klick-klack, klingen ihre Hufe.
„Komm schnell zum Essen!“, ruft ihre Mutter. „Es gibt leckere Kräuter.“
„Ich hab keinen Hunger, Mama“, sagt die kleine Ziege.
„Unsinn!“, meckert ihr Vater. „Eine Ziege hat immer Hunger. Ein Häppchen geht schon noch rein.“
„Mäh-bäh“, macht die kleine Ziege, „ich mag aber gar kein Blatt, mäh-bäh!“
„Undankbares Kind!“, meckert Papa. „So gut wie du haben wir es früher nicht gehabt. Bei uns gab es nur Disteln und Dornen. Probier doch mal!“
Aber die kleine Ziege springt einfach davon, klick-klack.
Da ist ja der kleine Elefant! Er trägt einen Blumenstrauß im Rüssel. „Magst du?“, fragt er.
Die kleine Ziege schüttelt sich.
„Alle denken immer nur ans Essen. Das kann doch nicht das Wichtigste im Leben sein.“
„Natürlich nicht“, sagt der kleine Elefant und riecht an den Blumen. Er schiebt sich einige ins Maul und kaut versonnen. „Was ist denn das Wichtigste im Leben?“

„Springen“, sagt die kleine Ziege sofort.
„Dann spring mal“, sagt der kleine Elefant.
Und die kleine Ziege springt auf ihn hinauf. „He, du bist grau und stark wie ein Felsen“, lacht sie.
„Und dein Freund“, sagt der kleine Elefant. „Freunde sind auch was Wichtiges im Leben.“ Zufrieden schiebt er sich noch ein paar Blumen rein.

Hilfe in der Not

Ich kann Trompete spielen", sagt der kleine Elefant zur kleinen Ziege. „Hier, mit dem Rüssel. Er ist ein prima Instrument!" Der kleine Elefant holt tief Luft: „Nnchgft!"
„Klingt total verstopft", kichert die kleine Ziege. „Es schnurgelt."
„Schnupfen", sagt der kleine Elefant düster, „ich hab schon wieder Schnupfen. Hatschi!"
„Komm mal hierher!", ruft die kleine Ziege ungeduldig. „Hier gibt es prima Felsen. Und jetzt werde ich von hier nach da springen."
„Das ist zu weit", warnt der kleine Elefant.
„Quatsch!" Die kleine Ziege springt. Und plumps, da fällt sie runter.
„Komm wieder rauf!", ruft der kleine Elefant.
„Hilfe, ich stecke fest", jammert die kleine Ziege. „Hilfe, Hilfe!"
Da holt der kleine Elefant tief Luft und tutet mit seiner Rüsseltrompete, und es kommt ein super Ton heraus: „Tuuut!" Und das Echo macht: „Tuuttuut."
Da kommen Herr und Frau Noah aus ihrer Arche gelaufen und befreien die kleine Ziege.

Herr Noah muss sie tragen, weil sie vor Schreck Zitterbeine hat. Frau Noah steckt sie sofort ins Bett und den kleinen Elefanten gleich dazu, weil ihm die Nase tropft. Sie kriegen noch einen Bergblumen-Tee, und dann wird geschlafen.
„Morgen seid ihr wieder gesund und munter", sagt Frau Noah und deckt sie zu. „Gute Nacht!"

Der kleine Affe

Der kleine Affe fürchtet sich vor seinem Papa. Er ist so riesengroß.
Er schaut manchmal so finster, und wenn er gähnt, kann man seine scharfen Zähne gefährlich blitzen sehen.
Husch, der kleine Affe läuft ganz schnell zu seiner Mama und kuschelt sich in ihr Fell.
„Bitte, kribbelkrabbel mich, Mama“, flüstert er.
Die Affenmama kribbelt und krabbelt ihn. Es ist wunderschön und tut so gut! Aber plötzlich hat seine Mama keine Lust mehr. Sie schüttelt den kleinen Affen ab und klettert auf eine Bergkiefer. Dann schließt sie die Augen und genießt die schöne Sonne.

Der kleine Affe klettert hinterher. „Bitte, kribbelkrabbel mich, Mama!“ Aber seine Mama rührt sich nicht.
Da zieht der kleine Affe an ihrem Fell. Nichts! Er bläst ihr in die Ohren. Nichts! Er bohrt in ihrer Nase.
„Hatschi!“, macht Mama und fährt hoch.
Da verliert der kleine Affe den Halt und purzelt den Baum hinunter – direkt auf seinen Papa drauf.
„Umpf“, macht der Affenpapa erschrocken und zeigt seine gefährlichen Zähne.
„Hilfe!“, schreit der kleine Affe und will wieder zu seiner Mama hinauf.
Aber der riesengroße Papa hält ihn mit seinen beiden Händen fest. Ja, und dann kribbelt und krabbelt er den kleinen Affen, und es ist wunderschön und tut so gut.
Da hat der kleine Affe eine Idee: Er kribbelt und krabbelt seinen Papa, und der mag das auch. Und wie!

Das kleine Bärenmädchen

Noch jemand ist auf der Arche geboren worden: das kleine Bärenmädchen. Seine Mama hat es so lange bei sich behalten, bis es groß genug war. Und das dauert bei Bären. Heute ist der erste Tag, an dem es nach draußen gehen darf.
„Keine Angst“, sagt die Bärenmutter, „die anderen fressen dich schon nicht.“
Aber das kleine Bärenmädchen fürchtet sich trotzdem. Es versteckt sich hinter dem Felsen am Rande der Gipfelwiese und schaut erst mal zu, wie die anderen Tierkinder miteinander spielen.
Der kleine Löwe schleicht sich an einen Kiefernzapfen heran und entdeckt dabei das Bärenmädchen. „Uuah!“, brüllt er erschrocken.
Das Bärenmädchen fürchtet sich auch und klettert blitzschnell auf die Bergkiefer. Huch, da ist ja noch jemand! Das kleine Bärenmädchen plumpst vor Überraschung fast vom Baum herunter.

Der kleine Affe hält es fest. „Ich habe gar nicht gewusst, dass kleine Bären klettern können“, sagt er.
„Ich auch nicht“, sagt das Bärenmädchen und wird rot. Aber das kann man nicht sehen, weil es Fell im Gesicht hat. Der kleine Affe kribbelkrabbelt es und sagt: „Ich mag dich. Möchtest du meine Freundin sein?“
Glücklich nickt das Bärenmädchen.
„Na, wie war's denn so?“, fragt die Bärenmutter am Abend.
„Toll! Ich freu mich schon auf morgen“, sagt das kleine Bärenmädchen. „Dann spiele ich wieder mit dem kleinen Affen. Er ist jetzt mein Freund!“

Niemand mag mich

Die Gipfelwiese ist heute leer und verlassen.
„Wo seid ihr?“, ruft das Bärenmädchen. Es hat sich schon so auf die anderen Tierkinder gefreut.
Vielleicht ist der kleine Affe auf der Kiefer.
Aber nur der Wind pfeift durch die Äste.

Einsam und allein sitzt das kleine Bärenmädchen hoch oben im Baum. „Niemand mag mich“, denkt es, „weil ich die Neue bin.“ Traurig schaut es über die weiten Berge.
Plötzlich entdeckt es die anderen im Tal. „Sie sind so fröhlich“, denkt das kleine Bärenmädchen, „sicher lachen sie über mich. Oh, da kommen sie schon!“
Das kleine Bärenmädchen versteckt sich in den Zweigen.
„Wo ist unser kleines Bärenmädchen?“, trompetet der kleine Elefant.
Der kleine Affe klettert auf die Kiefer. „Hier ist es!“
„Komm doch runter!“, meckert die kleine Ziege. „Wir haben eine tolle Überraschung für dich.“
Das kleine Bärenmädchen kann es gar nicht glauben.
„Blaubeeren“, sagt die kleine Schildkröte, „alle selbst gesammelt.“
„Und Honig“, brüllt der kleine Löwe, „selbst gefangen.“
Der kleine Elefant überreicht ihr einen Blumenstrauß: „Selbst gepflückt“, sagt er.
„Herzlich willkommen auf unserer Spielwiese!“, rufen alle Tierkinder.
„Und ich hab geglaubt, ihr mögt mich nicht“, sagt das kleine Bärenmädchen leise.
„Unsinn“, sagt der kleine Affe und kribbelkrabbelt es.

Ein kleiner Tiger taucht auf

Jetzt reicht's mir", schimpft Murmeltier. „Ich geh und sag's Herrn Noah."
„Was denn?", schnurrt eine sanfte Stimme.
„Dass die Elefanten meinen Berg kahl fressen." Murmeltier dreht sich um. „Hilfe!", schreit er entsetzt, aber das wilde gestreifte Tier hat ihn schon geschnappt und springt mit ihm zur Arche hinauf.
„Was macht ein kleiner Tiger mit unserem Murmeltier?", fragt Herr Noah.

„Lass es sofort los!", sagt Frau Noah streng. „Du tust ihm weh."
Der kleine Tiger lacht. „Das Murmeltier hat mir nur den Weg zu euch gezeigt."
„Frechheit!" Murmeltier bürstet empört seinen Pelz. „Wo kommst du eigentlich her?"
„Meine Eltern schicken mich", sagt der kleine Tiger. „Ich soll den Elefanten sagen, wenn sie nicht bald in den Dschungel zurückkommen, wächst alles zu. Sie müssen die Wege freitrampeln. Wir brauchen sie dringend!"
Vater Elefant sagt: „Tja, dann machen wir uns am besten gleich auf den Weg."
„Sehr vernünftig", lobt Murmeltier. „Auf Wiedersehen!"
„Nein", weint der kleine Elefant, „ich will nicht fort. Hier sind alle meine Freunde."
Mutter Elefant tröstet ihn: „Ihr könnt euch später doch besuchen."
„Meinst du?", schnieft der kleine Elefant getröstet.
„Klar! Aber zuerst feiern wir alle zusammen ein Fest", sagt Frau Noah, „ein richtig schönes Abschiedsfest."

Zukunftspläne

Was, ihr wollt schon gehen?", fragen die Löwen beim Abschiedsfest.
„Höchste Zeit", sagen die Elefanten. „Der Dschungel wächst sonst zu."
Da kriegen die Löwen Sehnsucht nach ihrer Steppe. „Wirst sehen, kleiner Löwe", sagen sie, „dort gefällt es dir."
Die kleine Schildkröte fragt: „Kommt jemand zufällig am Meer vorbei?"
„Wir", rufen die Affen.
„Bitte, nehmt mich doch mit", sagt die kleine Schildkröte, „ich will zu meinem Freund, dem kleinen Wal."
„Wir könnten euch tragen", sagen die Elefanten. „Das erste Stück vom Weg ist dasselbe."
„Ich will auch mit, Mama", meckert die kleine Ziege.
„Nein, Kind", sagt die Ziegenmutter, „wir bleiben in den Bergen. Hier gibt's so gutes Futter."
„Und tolle spitze Felsen", freut sich die kleine Ziege.
Mutter Bär brummt: „Wir bleiben auch in der Gegend. Ich habe eine sehr gemütliche Höhle gefunden."
Das kleine Bärenmädchen schnieft traurig und umarmt den kleinen Affen ein letztes Mal.

Auch Herr und Frau Noah müssen nach Hause.
„Der Garten ist sicher voll verschlammt", meint Frau Noah.
„Oh, Murmeltier! Dich hätten wir ja beinahe vergessen. Was wirst du in Zukunft machen?"
„Ich bleibe hier", sagt Murmeltier. „Dieser Berg gehört einfach zu mir."
Herr Noah streichelt Murmeltier. „Es war eine schöne Zeit", sagt er.
„Für mich auch", sagt Murmeltier. „Auf Wiedersehen, und vergesst mich nicht!"

Ende gut, alles gut

Murmeltier ist ganz allein auf seinem Berg. Nur der Wind pfeift über die Gipfelwiese, und die Sonne scheint auf die verlassene Arche.
„Endlich Ruhe!", seufzt Murmeltier. Aber die Ruhe macht ihn ganz kribbelig. „Und Hunger habe ich auch", ruft Murmeltier laut und verzweifelt. „Nirgends gibt's was zu fressen. Alles ist abgegrast und platt getrampelt."
„Ach du armes Murmeltier", sagt der Wind, „soll ich dir vielleicht helfen?"
„Wie denn?"
Da bläst der Wind ein paar Regenwolken herbei. Es fängt an zu tröpfeln.
„Nein", sagt die Sonne, „nicht schon wieder. Jetzt habe ich gerade mühsam die Erde trocken gekriegt, und du willst es schon wieder regnen lassen?"
„Nein, nein", beruhigt sie der Wind, „aber das Gras auf Murmeltiers Berg muss schnell nachwachsen."
„Das ist eine gute Idee", sagt die Sonne, „ich helfe dir."
Murmeltier reibt sich verblüfft die Augen. Es regnet, gleichzeitig scheint die Sonne, und sofort sprießt junges frisches Gras aus der Gipfelwiese. Darüber schwebt ein kleiner Regenbogen. Wunderbar!
Und wer schlüpft denn da unter der leeren Arche hervor? Eine süße kleine Murmeline!
„Uah", gähnt sie. „Ich hab so gut geschlafen. Hab ich was versäumt?"
„Das werd ich dir später alles erzählen. Aber jetzt bin ich froh, dass du wieder da bist. Endlich bin ich nicht mehr allein", ruft Murmeltier, „Gott sei Dank!"
„Bitte, bitte", sagt Gott und lächelt.

Michael Schober

Hier kommt die Wilde Feuerwehr

Mit Bildern vom Autor

Die wilde Wilde Feuerwehr

„Jetzt", sagt Rufus Rüssel, der Elefant, „sind wir eine richtige Feuerwehrtruppe."
„Und du bist unser Kommandant!", ruft Fred Ferkel.
„Was ist ein Kommandant?", blökt das Schaf Mac Wolle.
„Das ist der Chef, der sagt uns, wo wir löschen müssen", erklärt Willi, der schlaue Kater.
Die ganze Truppe sitzt um den großen Stammtisch im *Wirtshaus zum Wilden Nilpferd.*
Der dicke Nilpferdwirt hat allen Feuerwehrleuten nach ihrer Übung ein Glas Limo spendiert.
„Und wenn der Komma, Kommu, na Rüssel eben, auch nicht weiß, wo's brennt?", fragt Mac Wolle. „Dann weiß er aber, wo es gerade was zu feiern gibt. Und auf Festen ist die Gefahr groß, dass es schnell mal brennt!", ruft Fred Ferkel vorwitzig. „Außerdem ist Rüssel der Größte von uns allen und hat den längsten Rüssel."
„Und er kann am lautesten posaunen", quakt Gundi Gans.
„Ja", maunzt Willi, „Rüssel ist ein super Kommandant. Wenn wir mal den Feuerwehrschlauch vergessen haben, dann saugt er einfach eine Badewanne voll Wasser ein und löscht damit das Feuer."

„Klasse Idee!", findet auch Roland Raspel, der Igel.
Rüssel bekommt vor Freude ganz rote Ohren. „Dazu fällt mir doch glatt ein Reim ein", verkündet er stolz. „Oh nein!", schreien seine Freunde. Doch Rüssel legt schon los: „Bei Feuer, Wasser, Blitz und Rauch rollen wir aus den langen Schlauch. Bei Feuer, Wasser, Blitz und mehr hilft dir die Wilde Feuerwehr!"

STAMMTISCH
DIE
WILDE
FEUERWEHR

Feuerpopo

Es brennt, es brennt!", ruft Kommandant Rüssel und läutet wie wild die Feuerwehrglocke. Sofort kommt die ganze Mannschaft angerast. „Zum Einsatz fertig – los!", gibt Rüssel das Kommando. „Es geht um Sekunden!"
Wie der Blitz ziehen sich die Kameraden an. Und schon sitzen alle im Feuerwehrauto. Mit großem Trara düsen sie los. Doch unterwegs merkt Willi, der schlaue Kater, dass Fred Ferkel fehlt. „Stopp!", brüllt Rüssel. Er hält an, um Fred zu suchen. Plötzlich quiekt es aus dem Gebüsch: „Hilfe, Hilfe, es brennt, es brennt!"
Schnell klettern alle aus dem Auto und rollen den Schlauch aus. „Wasser marsch, aufs Gebüsch!", befiehlt Rüssel. „Iiieeh!", quiekt es aus der Hecke, und ein tropfnasser Fred Ferkel flitzt heraus. Rüssel ruft verdutzt: „Du warst das, Fred? Wo brennt's denn?" Fred schüttelt das Wasser ab und schnieft: „Mein Popo brannte wie Feuer! Beim Kirschenpflücken bin ich mit der Leiter umgekippt und mitten in den Brennnesseln gelandet. Ich habe um Hilfe gerufen, aber dass ihr mich gleich ganz unter Wasser setzt, habe ich nicht gedacht. Jetzt ist mein Po echt gelöscht!"

Fred muss grinsen, die anderen lachen. Und Rüssel ist mal wieder nicht zu bremsen, als er lostrompetet: „Nirgendwo erlebst du mehr als bei der Wilden Feuerwehr. Drum: Brennt dein Popo einmal sehr, ruf gleich die Wilde Feuerwehr!"
„Oh weh", meint Mac Wolle, das Schaf, „hoffentlich müssen wir jetzt nicht noch mehr feuerrote Popos löschen!"

Emilie Schildbürger

Am Sonntagnachmittag klingelt im Feuerwehrturm das Telefon. Rüssel hebt ab. „Hier ist die Wilde Feuerwehr. Wo brennt's?", fragt er.
„Hallo", antwortet eine leise Stimme. „Hier ist Emilie Schildbürger."
„Brauchen Sie Hilfe, sollen wir kommen?", fragt Rüssel.
„Kommen?", erwidert Emilie. „Ja, kommt doch bitte in die Naschgasse 5. Wie viele seid ihr denn?", fragt sie noch.
„Sieben", antwortet Rüssel verdutzt, „wieso?" Aber Emilie hat schon aufgelegt.

Kommandant Rüssel bimmelt die Feuerwehrglocke. Die Mannschaft rast wie ein geölter Blitz in die Naschgasse hinunter. Unten rollen sie ihre Schläuche aus, aber es ist kein Feuer zu sehen. Eine alte Schildkrötendame steht lächelnd in der Haustür. „Entschuldigt bitte. Ich hatte so lange keinen Besuch mehr, aber solche Lust auf Kuchenbacken", lispelt Emilie Schildbürger verlegen. Sie öffnet die Tür. Von weitem ist ein großer Tisch zu sehen, auf dem acht Teller, acht Tassen und zwei herrliche Kuchen stehen.
„Kommt herein", lacht Emilie, „und greift zu!"
„Zum Kucheneinsatz fertig – los!", ruft Rüssel, und alle stürmen ins Wohnzimmer. Als alle satt sind, trompetet Rüssel:
„Liebe Emilie, der Einsatz war so schön wie nie. Nächsten Sonntag zur gleichen Zeit stehen wir sehr gern bereit, werden wir dich gern besuchen und freuen uns auf deinen Kuchen!"
Seine Freunde halten sich genervt die Ohren zu, doch Emilie strahlt übers ganze Gesicht.

Schlauchdusche

Nach jeder Feuerwehrübung werden die Schläuche getrocknet. Das macht Roland Raspel, der Igel. Er hängt die Schläuche in die große Linde. Beim Spielen entdecken seine drei stachligen Töchter die Feuerwehrschläuche. „Wir klettern um die Wette!“, jauchzt die Jüngste. Gesagt, getan. Plumps, fallen die kleinen Igel in die Wiese.
„Kommt, wir spielen Krankenhaus und nehmen die Schläuche zum Verbinden!“, schlägt die mittlere Schwester vor.

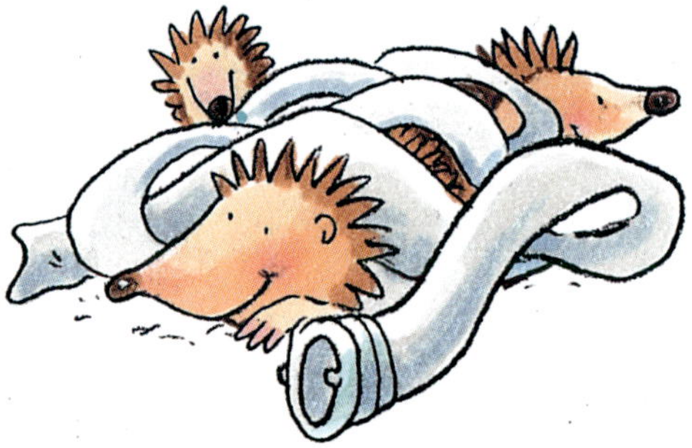

Und schon verbinden sich die drei gegenseitig mit den Feuerwehrschläuchen. Plötzlich fällt der Ältesten ein: „Ob Papa wohl schimpft?“
„Ach was“, meint die Jüngste, „wir ziehen die Schläuche einfach schnell wieder hoch.“

Abends rollt Roland die Schläuche ahnungslos ein. Am Sonntag früh ist Feuerwehrübung. Rüssel gibt das Kommando: „Wasser marsch!“ Potzblitz, aus tausend Löchern schießt das Wasser aus dem Schlauch! Alle werden pitschnass. „Das waren bestimmt meine Töchter!“, schimpft Roland Raspel.
„Hey, das ist doch klasse“, ruft Willi. „Ich montiere diese tollen Schläuche einfach an meinen Wasserhahn im Garten. Beim Gießen drehe ich dann nur noch den Hahn auf“, lacht er. Und Rüssel reimt: „Wenn Roland Raspel vor Wut kocht, dann ist der Schlauch ganz arg gelocht. Wenn aus dem Schlauch Fontänen schießen, braucht Willi keinen Garten gießen!“
Roland verdreht die Augen, und Willi düst mit den Schläuchen unterm Arm schnell los.

Regen bringt Segen!

Feuer, Feuer!", ruft Henry, der kleine Bär aus dem Nachbardorf, aufgeregt. Er zeigt zum Waldrand. Der Wald steht in Flammen. Rüssel läutet sofort die Feuerwehrglocke. Fred Ferkel, Mac Wolle und Kater Willi rennen los.
Rumms, da stoßen sie zusammen. „Aua, mein Kopf!", jammert Willi. Trotzdem setzt er sich ins Feuerwehrauto und fährt an. Versehentlich erwischt Willi den Rückwärtsgang. Kracks! Er rumpelt durchs Scheunentor. Langsam rollt der Wagen rückwärts den Berg hinunter. Willi sucht verzweifelt den richtigen Gang. Kracks – jetzt geht es vorwärts, aber die Schläuche rollen davon. Willi gibt Vollgas.

Peng!, da platzt der hintere Reifen. Gundi Gans schnattert heiser: „Ich sehe das Feuer, es hat schon fast Müllers Hof erreicht!"
Flink springen alle vom Wagen. „Die Schläuche sind weg", ruft Rüssel verzweifelt. Da fängt es an zu regnen.
„Es schüttet wie aus Kübeln!", freut sich Fred Ferkel.
Als der Regen aufhört, ist das Feuer gelöscht. Der Bauer kommt erschöpft vom Feld gerannt und jubelt: „Hurra, ihr habt meinen Hof vorm Feuer gerettet. Es lebe die Wilde Feuerwehr!"
Rüssel schaut verblüfft, dann fängt er an zu reimen: „Es half ein starker Regenschauer grad eben unserm Müller-Bauer. Und der Regen half noch mehr der wilden Wilden Feuerwehr!"
„So, das reicht für heute", sagt Willi und zieht Rüssel zum Feuerwehrauto.

Die tollste Torte

Morgen ist unser Dorffest", jubelt Rüssel. „Und es gibt wieder einen Preis für die beste Torte. Den holen wir für die längste Torte der Welt! An die Bleche, fertig, los!" Die ganze Nacht wird gearbeitet. „Oh weh", schnauft Roland Raspel am nächsten Morgen. „Wir haben die Schlagsahne ganz vergessen!" „Die spritzen wir mit den Feuerwehrschläuchen auf die Torte. Das wird dann eine super Schlauchsahne!", witzelt Rüssel. „Schnell, an die Schläuche!", ruft er. Willi legt einen Schlauch in den Sahnetopf. Aber es kommt nichts aus dem Schlauch. „Die Sahne ist zu dick", jammert Rüssel. „Nö, du bist zu dick", quakt Gundi Gans. „Du stehst ja mit beiden Beinen auf dem Schlauch!" Da kommt schon der Bürgermeister angefahren. Vor Schreck springt Rüssel vom Schlauch. Es macht poff!, und alle sind mit schneeweißen Sahneklecksen verziert.

Am meisten hat es den Bürgermeister erwischt. „Köstlich, diese Schlauchsahne!", sagt er verdattert und schleckt sich die Krawatte ab. Dann dürfen alle Festgäste die Torte aufessen. Im Handumdrehen ist sie verspeist. „Herzlichen Glückwunsch", sagt der Bürgermeister. „Die wunderbare Schlauchsahne-Torte war die längste und leckerste Torte. Sie verdient den ersten Preis!" Rüssel strahlt und dichtet: „Die wilde Wilde Feuerwehr liebt das Tortenbacken sehr." „Und das Tortenessen noch viel mehr", reimt Fred Ferkel weiter. „Fred, nicht auch *du* noch!", stöhnen die Freunde.

Kleine Katze in Not

Miauuuu ...", maunzt Willis kleine Schwester Milli hilflos. Die kleine Katze sitzt im Pflaumenbaum und traut sich nicht mehr herunter.
Rüssel läutet die Feuerwehrglocke. Die Mannschaft holt eine Leiter und das Sprungtuch. Sie rennen in Willis Garten. „Wir retten dich", ruft Rüssel Milli zu. Schnell breiten die Feuerwehrfreunde das Sprungtuch aus. Rüssel ruft: „Spring, Milli, spring in das Tuch!" Doch Milli traut sich nicht.
Rüssel überlegt. „Ich hab's", ruft er. „Wir fahren unsere hohe Leiter aus. Dann kann Milli ganz bequem herunterklettern!" Gesagt, getan. Die Freunde fahren ihre große Feuerwehrleiter am Pflaumenbaum aus. Willi ruft: „Hab keine Angst, gleich wirst du gerettet, Milli!" Doch genau in dem Moment, als die Leiter vor Millis Näschen auftaucht, erschrickt die kleine Katze – und springt auf den Apfelbaum.
„Oh Milli!", seufzt Willi. Das Schauspiel wiederholt sich – und Milli hüpft diesmal auf den niedrigen Kirschbaum.
„Oh Milli!", seufzt Willi.
Schnell rücken die Freunde mit der Leiter zum Kirschbaum weiter, doch da springt Milli mit einem großen Satz vom Baum auf die Wiese. „Na, bravo!", ruft Willi erleichtert. Und Rüssel reimt: „Hat Milli sich im Baum verstiegen, sodass sich alle Äste biegen: Die Wilde Feuerwehr hilft auch ihr – sie rettet ja fast jedes Tier!"
„Auweia!", quakt Gundi Gans. „Deine Reime waren auch schon mal besser, Rüssel!"

Die badende Nilpferddame

Adelheid, die Nilpferddame, liebt ein warmes Bad über alles. Heute ist es wieder so weit. „Und das ist mein Proviant", lacht Adelheid und baut einen Berg Marmeladenbrote und drei Kannen Kakao vor sich auf. „Ist es nicht gemütlich hier, Adelheid?", sagt sie zu sich selbst und setzt ihre Kapitänsmütze auf. Sie dreht den Wasserhahn auf – und schläft ein. Während Adelheid von Kuchengebirgen träumt, plätschert das Wasser über den Rand ihrer Badewanne. Dann läuft es vom Flur in die Küche. Bald steht das ganze Haus unter Wasser ...

Da klingelt bei der Wilden Feuerwehr das Telefon: „Hallo, hallo, das halbe Dorf steht unter Wasser!" Sofort steigt die Mannschaft in ihr Boot und rudert los. Die meisten Tiere sitzen auf ihren Hausdächern. Mittendrin schwimmt die schlafende Adelheid. Gundi Gans stellt sich auf den Bootsrand und kitzelt Adelheid mit ihren Schwanzfedern an der Nase. „Aufwachen!", schnattert Gundi.

„Hatschi", macht Adelheid und blinzelt verwundert. „Wie kommt ihr in meine Badewanne?", fragt sie.

„Wir stehen nicht in deiner Badewanne. Du bist eingeschlafen und hast vergessen, den Wasserhahn zuzudrehen!", entgegnet Gundi.

Und Rüssel reimt: „Die Gundi taucht ins Badezimmer. Sie dreht den Hahn zu, der läuft jetzt nimmer. Am Stöpsel zieht sie kräftig an, damit das Wasser ablaufen kann."

„Ein Hoch auf unsere mutige Feuerwehrfrau Gundi!", brüllt Kater Willi schnell, damit der Kommandant seinen Rüssel hält.

Rutschbahn

„Puh, ist das eiskalt heute", brummt Willi, der mit Rüssel durch den Schnee stapft.
„Ja, ich glaube, es ist der kälteste Tag, den ich je erlebt habe", bestätigt Rüssel. Aus den Schornsteinen quillt dicker Rauch, und die Schneeflocken funkeln wie kleine Spiegel. Auch Familie Schwein, die immer schnell friert, heizt ihren Ofen kräftig ein. Der glüht so stark, dass die Hitze langsam ein braunes Loch in den Fußboden kohlt. Kein Schwein merkt etwas, und plötzlich brennt alles lichterloh!
Die Wilde Feuerwehr ist natürlich sofort zur Stelle und löscht, was das Zeug hält.

Die Schweinchen stehen an den Fenstern und quieken vor Angst.
„Oje, wir haben die Leiter vergessen! Wie holen wir die Kleinen bloß heraus?", schnattert Gundi Gans aufgeregt.
„Springt!", befiehlt Rüssel, aber die Ferkel trauen sich nicht. Da passiert es: Erst friert das Wasser im Feuerwehrwagen ein, dann wird der Schlauch steinhart, und plötzlich ist der gesamte Strahl bis zum Fenster rauf eine einzige Eisbahn. Und schwupp – rutschen die Schweinchen auf dem glatten Eisstrahl herunter. Familie Schwein hat noch mal Schwein gehabt! Doch bevor sie sich bedanken kann, reimt Rüssel auch schon los: „Diese Rutschbahn, spiegelglatt, die Schweine heut gerettet hat. Sie ist viel schneller als 'ne Leiter, und man rutscht damit viel weiter."
„Auweia!", grummelt Fred Ferkel, doch Familie Schwein klatscht begeistert Beifall.

Qualm bei Familie Gans

Gundi Gans watschelt wütend durch das Dorf. „Was ist denn los, Gundi?", fragt Rüssel.
„Ach", quakt Gundi, „Papa qualmt dauernd Pfeife. Das ärgert Mama. Sie telefoniert zu viel. Das nervt Papa – und sie streiten sich. Ich geh jetzt erst mal eine Runde schwimmen", meint Gundi, „das entspannt!"
In der Zwischenzeit ruft Gundis Mutter bei der Feuerwehr an: „Hilfe", quakt sie in den Hörer, „hier ist ganz dicker Rauch, ich glaube, es brennt bei Familie Gans."
Als die Wilde Feuerwehr anrückt, sieht Rüssel dicken Qualm aus dem Fenster dringen. Er schnappt sich den Feuerwehrschlauch und löscht ... Vater Gans samt seiner Pfeife.
„Das hast du von deinem ewigen Gequalme!", ermahnt Gundis Mama ihren Gatten, der tropfnass im Sessel sitzt.
Am nächsten Morgen kocht Mama Gans Kartoffeln. Der Topf steht auf dem Herd. Gundis Mama sitzt im Wohnzimmer und telefoniert.

„Na warte", denkt ihr Mann „dir werd ich's zeigen." Er dreht den Herd auf die größte Stufe – und wenig später qualmt der Topf. Schnell saust Papa Gans zum Glockenturm, läutet und schreit: „Bei uns brennt's!"
Nach diesem Einsatz der Wilden Feuerwehr sitzt Mama Gans pitschnass auf dem Sofa.
Gundi berichtet den Kameraden später begeistert: „Seit eurem Einsatz hat Papa nie mehr Pfeife geraucht, und Mama telefoniert nur noch ganz selten."
Da fällt Rüssel doch gleich ein Reim ein: „Holst du die Feuerwehr nur so zum Spaß, wirst du selber ganz schön nass."
„Und um den Schnabel ganz schön blass!", kichert Gundi.

Sturm

Heute bleibt ihr zu Hause, Tim und Tom, es ist viel zu windig zum Drachensteigenlassen. Draußen tobt ein richtiger Sturm", sagt Mama Magermilch, die Kuh, zu ihren beiden Söhnen.
Trotz Verbot schleichen sich die beiden mit ihren Drachen heimlich hinaus.
Wusch – da reißt der Wind dem Kleinen den Drachen aus der Hand.
Wusch – der zweite Drachen zerreißt in hundert Teile. Und der Wind wird immer stärker.

„Komm, wir gehen lieber wieder heim", keucht der kleine Tim, aber es ist zu spät. „Hilfe!", stöhnt Tom. „Der Wind weht uns weg!" Sie klammern sich am Weidenzaun fest.
Kracks! – da bricht der Zaun, und die beiden rollen wie Fußbälle über die Weide.
Inzwischen hat Mama Magermilch gemerkt, dass ihre Söhne verschwunden sind. Sie ruft die Wilde Feuerwehr an, die sich sofort auf die Suche macht.
„Dort sind die beiden!", brüllt Rüssel gegen den Wind. Er tritt mit voller Kraft die Bremse des Feuerwehrautos. „Der Wind ist zu stark. Wir müssen eine Kette bilden, damit wir nicht wegwehen", ruft er seinen Freunden zu. Tim und Tom halten sich an ihnen fest und klettern ins Auto. Gerettet!
Rüssel reimt: „Wirft ein Sturm dich einmal um, drückt dich zu Boden, macht dich krumm und wirbelt dich ganz doll umher, dann hilft nur eins: die Wilde Feuerwehr!"
Und Tim und Tom blöken einstimmig: „Wenn wir groß sind, gehen wir auch zur Wilden Feuerwehr!"

Opas Perücke

Rüssels Opa ist uralt. Aber er qualmt immer noch seine Zigarren. Sogar im Bett. „Im Bett zu rauchen ist sehr gefährlich, da kann das Bett anbrennen und dann das ganze Haus!“, mahnt ihn Rüssel. Opa legt die Zigarre weg. Aber als Rüssel ins Bett gegangen ist, steckt Opa sich wieder eine Zigarre an und liest dabei Zeitung. Darüber schläft er ein.

In der Nacht wacht Rüssel auf und schnüffelt. „Was riecht denn hier so komisch?“, fragt er sich. Er geht in Opas Schlafzimmer. „Um Himmels willen, die Zeitung brennt!“, schreit Rüssel und rennt ins Bad. Dort pumpt er seinen Rüssel voll Wasser. Er rast zurück in Opas Zimmer und prustet mit aller Kraft das Wasser über das brennende Papier. Mit einem letzten „Zisch“ ist das Feuer gelöscht.
Opa schläft seelenruhig weiter. Rüssel schnauft: „Gerade nochmal gut gegangen!“, und legt Opas Perücke, deren Haare angesengt sind, aufs Nachtkästchen.

Am Morgen wacht Opa auf und entdeckt die verkohlte Zeitung im Mülleimer. Er setzt seine Perücke auf und geht ins Bad. Rüssel putzt sich gerade die Zähne. Opa schaut in den Spiegel und meint verschmitzt: „Seit ich nicht mehr rauche und eine neue Frisur habe, sehe ich doch viel jünger aus, stimmt's?“ „Ja, stimmt“, lacht Rüssel, „und was für ein Glück, dass dein Enkel bei der Wilden Feuerwehr ist!“ Opa nickt – und Rüssel reimt zum Abschluss: „Manchmal taugt ein langer Rüssel und eine volle Wasserschüssel als wunderbare Feuerspritze – und das Löschen geht ganz spitze!“

Feuerwehrfest

Heute feiert die Wilde Feuerwehr ihr großes Feuerwehrfest. Es gibt leckeres Essen, Zitronenlimonade, lustige Spiele, und der ganze Dorfplatz ist hübsch dekoriert.
„Dieses Mal", strahlt Rüssel, „leihen wir uns ein großes Feuerwehrauto mit Drehleiter von der Stadtfeuerwehr aus. An der Leiter hängt ein Korb, in dem man stehen kann. Jeder darf mal mitfahren!"
Das finden alle toll.
Am Abend fährt auch Waltraud Wurf, eine ältere Maulwurfdame, mit. Gerade ist die Sonne untergegangen, und der Himmel ist glutrot. Langsam gleitet die Leiter mit Waltraud in die Höhe. Plötzlich schreit sie:

„Feuer – Feuer! Der Wald brennt!" Sofort rast die Wilde Feuerwehr los. Da entdecken Willi und Fred den knallroten Abendhimmel. „Tolles Licht", sagt Fred Ferkel, aber Waltraud ruft aufgeregt: „Da ist die Stelle. Der Himmel brennt!" Kater Willi flüstert Rüssel augenzwinkernd zu: „Also, zu löschen gibt es nichts, nur die Sonne brennt vom Himmel, aber das Feld da unten könnte etwas Wasser vertragen ..."
Daraufhin posaunt Kommandant Rüssel: „Wasser marsch!"
Als der Sonnenuntergang vorbei ist, gibt Rüssel das Kommando: „Brand gelöscht, Einsatz beendet." Waltraud Wurf ist stolz darauf, dass sie zusammen mit der Wilden Feuerwehr den Wald „gerettet" hat. Und Rüssel reimt zum Abschluss: „Obwohl die Wilde Feuerwehr heut feiert, kam sie ganz schnell angeeiert." – „Das hat sich Rüssel aus dem Ärmel geleiert", gackert Gundi Gans frech hinter seinem Rücken.

Julia Boehme

Lach mit uns, kleiner Bär

Mit Bildern von Sven Leberer

Der kleine Bär – ganz allein

„Nanu", denkt das Eichhörnchen und huscht neugierig den Baumstamm hinunter. Unten im Gras sitzt ganz allein der kleine Bär. Dicke Bärentränen laufen ihm über die Schnauze.
„Aber, kleiner Bär, warum weinst du denn?", fragt das Eichhörnchen mitleidig.

Der kleine Bär reibt sich die verweinten Bärenaugen. „Ich bin in den Wald spielen gegangen", schnieft er, „und jetzt weiß ich nicht mehr, wie ich nach Hause komme!"
„Hm. Den Weg zur Bärenhöhle kenne ich doch auch nicht." Das Eichhörnchen legt seinen buschigen Schwanz zu einem großen Fragezeichen und überlegt: „Am besten, wir gehen los und fragen die anderen Tiere nach dem Weg!"
„Au ja!", ruft der kleine Bär begeistert und läuft gleich los. So schnell, dass das kleine Eichhörnchen gar nicht richtig hinterherkommt. Der kleine Bär dreht sich verwundert um.
„Soll ich dich tragen?", fragt er, und schon setzt er das Eichhörnchen vorsichtig auf seine Bärenschultern. So machen sie sich auf die Suche.
„Den Weg nach Hause habe ich einfach vergessen", gibt der kleine Bär zu.
„Etwas zu vergessen", tröstet das Eichhörnchen den kleinen Bären, „ist gar nicht so schlimm. Ich kenne da nämlich eine schöne Geschichte, von einem vergesslichen Eichhörnchen. Wenn du willst, erzähl ich sie dir unterwegs!"

Das vergessliche Eichhörnchen

Walnüsse waren früher etwas ganz Besonderes. Denn es gab damals im Wald nur einen einzigen Walnussbaum. Jedes Jahr im Herbst, wenn die Nüsse reif wurden, kamen die Eichhörnchen. Und es gab ein Gerangel, Gezeter und Gekecker, bis schließlich alle ein paar Walnüsse ergattert hatten. Jedes Eichhörnchen versteckte dann seine Nüsse heimlich. Und nur an Festtagen grub es eine Nuss aus. Nun gab es einmal ein vergessliches Eichhörnchen, das seine Nüsse nie wieder fand. „Wo hab ich sie nur vergraben?“, seufzte es und buddelte hundert kleine Löcher – aber ohne Erfolg. So ging es Jahre. Bis das Eichhörnchen eines Herbsttages bei seiner Höhle eine Walnuss fand. „Das ist bestimmt eine Nuss, die ich mal vergessen habe!“, lachte es. Aber – da lagen ja noch mehr Nüsse! „Das gibt's ja gar nicht!“, staunte das Eichhörnchen. „Hier steht ja ein neuer Walnussbaum!“ Denn aus den Nüssen, die das Eichhörnchen in der Erde vergessen hatte, sind lauter Walnussbäumchen gewachsen.

„Hurra!“, jubelten die anderen Eichhörnchen, als sie das hörten. „Von nun an vergessen wir alle ein paar Nüsse in der Erde!“ Und das taten sie auch. So wuchsen nach und nach viele Walnussbäume. Und im Herbst gab es so viele Walnüsse, dass die Eichhörnchen jeden Tag einen Festtag feiern konnten! „So ist das immer noch!“, sagt das Eichhörnchen und gräbt ein paar Walnüsse aus der Erde. „Hier, bitte schön!“

Die Rose und das Stinktier

Der kleine Bär knackt eine Nuss mit seinen Tatzen. „Riecht es hier nach Walnüssen?", fragt plötzlich ein Stinktier. „Wenn ich eine Nuss bekomme, erzähle ich euch auch eine Geschichte!"

Es war einmal eine Rose. Und obwohl sie wunderschön aussah, war sie doch traurig, denn sie duftete nicht.
„Keins der Tiere bleibt stehen und riecht an mir!", seufzte die Rose. Und sie weinte eine große Tautropfenträne.
Das hörte ein Stinktier, das gerade vorbeikam. „Vielleicht kann ich dir helfen!"
„Oh ja!", bat die Rose.
Da besprühte das Stinktier die Rose mit seinem Stinktier-Parfüm. „Natürlich duftest du nicht wie andere Rosen!", meinte es. „Wie dufte ich dann?", fragte die Rose neugierig. Denn Rosen selber haben ja keine Nasen.
Das Stinktier schnupperte. „Ich finde, du riechst ganz fantastisch!", sagte es. Die Rose strahlte und faltete ihre zarten Blütenblätter noch etwas weiter auseinander.
Kam von nun an ein Stinktier bei der Rose vorbei, blieb es stets stehen und roch an ihr. „Wie herrlich!", schwärmte das Stinktier dann.
Nun war die Rose rundum glücklich und zufrieden. Es wunderte sie aber ein bisschen, dass immer nur Stinktiere an ihr schnupperten. Aber das konnte ja Zufall sein!
Das Eichhörnchen keckert fröhlich. Doch der kleine Bär schmunzelt nicht einmal. Er will einfach nur nach Hause.

Der Wetterzauberer

Der kleine Bär schaut sich ratlos um: „Wo geht es nur zur Bärenhöhle?“ Da huscht ein Wiesel aus dem Gebüsch. „Du willst zur Bärenhöhle?“, ruft es fröhlich. „Dann komm mit!“ Und um den traurigen Bären etwas aufzumuntern, erzählt es diese Geschichte:
Mitten im Wald lebte einmal ein Wetterzauberer. Der hatte dauernd schlechte Laune. Und das war schlimm! Denn immer wenn er schlechte Laune hatte, war auch das Wetter schlecht! Presste er Tränen aus seinen grimmigen Augen, regnete es. Wenn er missmutig in seiner Nase popelte, konnte es hageln! Und war er so richtig wütend, gab es ein Gewitter im Wald, dass es nur so krachte.
„So kann es nicht weitergehen“, dachte ein kleiner Waldgeist eines Tages. Er schlich sich deshalb zum Wetterzauberer, packte ihn und begann ihn ordentlich durchzukitzeln.
Und ob der Zauberer wollte

oder nicht: Er musste lachen. Er kicherte, gluckste und johlte, dass alle Wolken augenblicklich verschwanden. Die Sonne strahlte am Himmel, die Vögel jauchzten, Eichhörnchen keckerten, und die Glockenblumen läuteten fröhlich. Alles war so schön, dass der Wetterzauberer beschloss, von nun an keine schlechte Laune mehr zu haben. Und wenn es jetzt mal regnet, hat der Zauberer nicht etwa schlechte Laune, sondern weint bloß beim Zwiebelschneiden!

Die alberne Ameise

Hihihi!", kichert eine Ameise. „Soll ich euch mal eine Geschichte erzählen?" Und schon setzt sie sich dem kleinen Bären auf die Nase und fängt an:

Es war einmal eine Ameise, die hatte nichts als Unsinn im Kopf. Statt als königliche Wache still vor dem Tor zu stehen, hüpfte die Ameise lieber auf und ab. Und wer nicht aufpasste, dem pikste sie mit dem Tannennadel-Säbel einfach in den Po.
Eines Tages musste sie deshalb zur Königin. „So geht das nicht!", sagte die Königin streng. „Vielleicht bist du als Diener besser zu gebrauchen! Hol mein Abendessen!"
Die Ameise brachte zuerst den Vanillepudding und dann ein paar Blaubeeren. Doch statt die Beeren brav in der Schüssel zu tragen, jonglierte sie sie mit ihren Fühlern.
„Ehm", räusperte sich die Königin. Vor Schreck wirbelte die Ameise die Blaubeeren durch den Thronsaal. Eine Beere warf dem griesgrämigen Minister den Hut vom Kopf. Die anderen Beeren aber klatschten mit solcher Wucht in den Vanillepudding, dass er nur so durch den Thronsaal spritzte. Da musste selbst die Königin lachen. Kichernd schleckte sie sich den Pudding vom Gesicht.
„Jetzt weiß ich, was du machst!", gluckste sie. „Von nun an bist du mein königlicher Hofnarr!"
„Hurra", jubelte die Ameise, und wenn ihr heute in einem Ameisenhaufen das helle Kichern der Königin hört, wisst ihr ja, wer dort Hofnarr ist!

Die kleine Hexe hat Schluckauf

„Wo wollt ihr denn hin?", fragt der Kater neugierig. „Zur Bärenhöhle!", antwortet das Wiesel. „Da komme ich mit!", miaut der Kater. „Und wenn ihr mögt, erzähle ich euch von der kleinen Hexe, bei der ich früher einmal Hexenkater war."

Die kleine Hexe rieb ihre Hände. „Was hexe ich mir denn Schönes zum Frühstück?", dachte sie vergnügt. „Mmh, drachengrüner Wackelpudding, lecker!" Die kleine Hexe murmelte: „Abbraxdrachen schwupptigrün Wackel-HICKS!" Auf einmal hatte die kleine Hexe nämlich Schluckauf bekommen. Ihr Hickser hatte ihren ganzen Zauberspruch durcheinander gebracht, und plötzlich regnete es im ganzen Wald drachengrünen Wackelpudding! Die Hexe versuchte es gleich noch mal: „Abbraxdrachen schwupptigrü-HICKS!" Oje, die kleine Hexe war plötzlich von oben bis unten drachengrün!

Jetzt aber, die kleine Hexe schwang energisch ihren Zauberstab: „Abbraxdrachen schwupp-HICKS!" Na danke! Das war ja in die Hose gegangen! Denn vor der Hexe stand mit einem Mal ein riesiger, grüner Drache. Die kleine Hexe bekam einen solchen Schreck, dass ihr Schluckauf sofort wie weggepustet war! Schnell murmelte sie einen Gegenspruch. Plopp – war der Drache wieder verschwunden. Eilig blätterte die Hexe in ihrem Zauberbuch, denn bevor sie sich ihr Frühstück hexte, zauberte sie ... Ja, was wohl? Dass sie nie wieder Schluckauf bekommt!

Das tanzende Trampeltier

Wer weiß noch eine lustige Geschichte für den Bären?", ruft das Wiesel laut. „Ich!" Schon steht ein Reh vor ihnen und erzählt:

Wenn es in Afrika rumpelte, trampelte und wummerte, wussten alle Tiere dort: Da kommt das Trampeltier. Und sie nahmen sich in Acht. Denn es war furchtbar ungeschickt. „Ich will kein Trampel mehr sein!", dachte das Trampeltier verzweifelt. „Ich muss unbedingt eleganter werden. Vielleicht sollte ich tanzen lernen!" So fragte es die Tanzmaus: „Tanzt du mit mir?"

„Du bist doch viel zu groß!", kicherte die Tanzmaus. Also fragte das Trampeltier den Löwen: „Willst du mit mir tanzen?"

„Damit du mir auf die Pfoten trittst?" Der Löwe schüttelte seine Mähne. „Nein danke!" Und der Esel meinte: „Ich tanze grundsätzlich nicht. Da bin ich ganz stur!" Enttäuscht

setzte sich das Trampeltier ins Gras. „Was ist denn mit dir los?", fragte der Elefant.

„Keiner will mit mir tanzen", seufzte das Trampeltier.

„Wenn Sie gestatten?", brummte der Elefant vornehm. Dann nahm er das erstaunte Trampeltier bei den Hufen, trötete einen langsamen Walzer, und sie begannen zu tanzen.

„Herrlich!" Das Trampeltier drehte sich mit dem Elefant lachend im Kreis.

Und hört man jetzt in Afrika ein lautes Tröten und Stampfen, kann man sicher sein, dass gleich ein fröhliches Tanzpaar vorbeitanzt: der Elefant und das Trampeltier!

Der Bonbonregen

Die Tiere sind schon weit gelaufen. Plötzlich bleibt das Wiesel stehen. „Müssen wir nach rechts oder nach links?" Vielleicht kann ja der Hase helfen. Nein, er kennt den Weg auch nicht. Dafür weiß er aber eine schöne Geschichte:

„So ein Mistwetter!", schimpfte der kleine Hase, als der Regen lospladderte. Schnell schlüpfte er mit seinem besten Freund, der Haselmaus, unter einen Busch. „Immer nur Regentropfen? Kann es nicht mal etwas anderes regnen?", fragte das Häschen, und dann leuchteten seine Augen: „Bonbons zum Beispiel!" Das wäre doch toll!

Am nächsten Tag hatte das Häschen Geburtstag. Gähnend krabbelte es am Morgen aus dem Hasenbau, da fiel ihm – plumps! – ein Bonbon vor seine Pfoten. Und dann kam noch ein Bonbon und noch einer. Auf einmal prasselte ein ganzer Bonbonregen vom Himmel. „Hurra!", lachte das Häschen und tanzte im Bonbonregen. Oben aber in der Luft flog der Rabe. Und auf seinem Rücken saß mit einer riesigen Bonbontüte die kleine Haselmaus. „Herzlichen Glückwunsch, kleiner Hase!", rief sie. „Danke!", rief Freund Hase mit dem Mund voller Bonbons. „Dasch ischt dasch schönschte Geburtstagschgeschenk!" „Wisst ihr, wer dieser kleine Hase war?", fragt der Hase. „Ich!" In dem Moment regnet es plötzlich Bonbons, und oben am Himmel fliegt der Rabe mit der Haselmaus. „Hurra!", jauchzen die Tiere. Und sogar der kleine Bär lutscht einen Bonbon!

Streifen für den Tiger

Ich möchte nach Hause!“, seufzt der kleine Bär. Und sie haben Glück: Die Hummel weiß den Weg. Kopfschüttelnd schaut sie den Bären an. „Du siehst ja aus wie der Tiger, der seine Streifen verloren hat!“
„Wie wer?“, fragt der kleine Bär.
„Hör zu!“:
„Verflixt noch mal!“, fauchte der Tiger eines Morgens. „Wo sind denn meine Streifen geblieben?“ Und tatsächlich, über Nacht waren alle seine schwarzen Streifen verschwunden. „Ich muss sie verloren haben!“, überlegte er und machte sich gleich auf die Suche.
„Wir helfen dir!“, riefen die anderen Tiere im Wald. Doch wie und wo sie auch suchten: Die Streifen blieben spurlos verschwunden. Traurig schlich der gelbe Tiger durch den Wald.
„Was können wir nur tun?“, fragten sich seine Freunde. Da hatte das Zebra eine prima Idee: „Ich gebe dem Tiger einfach ein paar von meinen Streifen ab!“, sagte es fröhlich. „Ich auch!“, rief die Ringelnatter. Und plötzlich kamen lauter Tiere zum Tiger, um ihm einen Streifen zu schenken. Das Zebra legte seine Streifen auf den Tigerrücken. „Passt wie angegossen!“, meinte es. „Und ich habe ein paar wunderschöne Ringel für deinen Schwanz!“, zischte die Ringelnatter. Für seine Schwanzspitze aber bekam der Tiger einen Streifen von mir, der Hummel. „Die neuen Streifen sind ja noch schöner als die alten!“, lachte da der kleine Tiger. „Und wisst ihr, wieso? Jeder Streifen zeigt mir, wie viele gute Freunde ich habe!“

Der freche Kobold

Jetzt suchen alle gemeinsam nach der Bärenhöhle. „Hallo, darf ich mit?“, grunzt ein Wildschwein. „Weißt du denn, wie ich nach Hause komme?“, fragt der kleine Bär. Das Wildschwein schüttelt den Kopf. „Dafür kenne ich aber eine lustige Geschichte! Wollt ihr sie hören?“

Im Wald lebte ein Kobold, der allen Tieren im Wald freche Streiche spielte. Da beschlossen die Tiere eines Tages, den Kobold selber einmal hereinzulegen. An einem Herbstmorgen klingelte die Elster beim Kobold und jammerte: „Herr Kobold, Sie müssen mir helfen! Mein Glitzerstein ist in Ihre Regentonne gefallen.“ „Denkste!“, lachte der Kobold und knallte der Elster die Tür vor dem Schnabel zu. Kaum aber war die Elster weggeflogen, rannte der Kobold zur Regentonne und sprang mit einem Satz hinein, um sich den Glitzerstein zu holen! Doch – ihhh! – was war das denn? In der Tonne war ja gar kein Regenwasser, sondern lauter klebriges Zeug! Kein Wunder, denn die Tiere hatten die Tonne mit Tannenharz und Honig gefüllt. Als nun der pappige Kobold triefend aus der Tonne kletterte, stürmten die Tiere aus ihrem Versteck und bewarfen den Kobold mit buntem Laub. Schließlich war der Kobold über und über mit Blättern beklebt. Bedröppelt stand er da. „Ab sofort bin ich brav!“, versprach er kleinlaut. Und das war der Kobold auch – aber nur, bis er alle Blätter wieder abgeschüttelt hatte!

Die Mauseprinzessin

Endlich sind die Tiere bei der Bärenhöhle angekommen. Doch, ach herrje, Mama-Bär und Papa-Bär sind gar nicht zu Hause! „Sie sind den kleinen Bären suchen gegangen!“, erklärt die Maus, die neben der Höhle wohnt. Und um das Warten abzukürzen, erzählt sie eine Geschichte:
Einmal im Jahr, wenn sie Geburtstag hat, darf die kleine Mauseprinzessin regieren. Und alle müssen ihr gehorchen.

Gleich morgens springt sie auf den großen Königsthron, denn von hier aus lässt es sich am besten regieren. „Ab sofort müssen alle rückwärts laufen!“, ruft sie ausgelassen. Was für ein herrliches Durcheinander! Fröhlich baumelt die Prinzessin mit den Beinen und denkt sich neue Befehle aus: Von den Zinnen schneit es Zuckerwatte, wer heute „Nein!“ sagt oder schimpft, bekommt ein Pflaster über den Mund geklebt, und es wird im ganzen Schloss Verstecken gespielt. Am Abend schließlich darf die Prinzessin ihren letzten Geburtstagsbefehl geben. „Alle müssen sich gegenseitig zum Lachen bringen!“, wünscht sie. Da wird im ganzen Land gekitzelt, Grimassen geschnitten, Witze erzählt und Späße getrieben, bis alle Mäuse leise kichernd in die Betten sinken ... Und obwohl am nächsten Morgen allen der Bauch noch kribbelt vom vielen Lachen, freuen sie sich schon auf den Mauseprinzessinnen-Geburtstag im nächsten Jahr! Nach dieser Geschichte lacht der kleine Bär richtig bärenlaut. Endlich, zum allerersten Mal!

Da lacht der kleine Bär

Da lacht der kleine Bär. Er lacht und lacht. Und warum? Weil er endlich Mama-Bär und Papa-Bär nach Hause kommen sieht. So schnell er kann, läuft er ihnen entgegen. Was für ein Wiedersehen!
Mama- und Papa-Bär drücken den kleinen Bären fest an sich. „Sind wir froh, dass du wieder da bist!“, lachen sie. „Wir haben dich überall gesucht!“
Und alle Tiere, das Eichhörnchen, das Stinktier, das Wiesel, die Ameise, der Kater, das Reh, der Hase, der Spatz, die Hummel, das Wildschwein, der Siebenschläfer, der Biber und die Maus, jubeln ausgelassen und freuen sich mit Familie Bär.
„Das sind alles meine Freunde!“, ruft der kleine Bär fröhlich. „Sie haben mich nach Hause gebracht und mir dabei ganz lustige Geschichten erzählt, damit ich nicht so traurig bin.“
Papa-Bär und Mama-Bär nicken den Tieren freundlich zu.
„Aber obwohl die Geschichten so lustig waren, konnte ich gar nicht darüber lachen, weil ich euch sooo vermisst habe“, sagt der kleine Bär. Und plötzlich hat er eine prima Idee: „Aber jetzt können meine Freunde ihre Geschichten ja noch einmal erzählen!“, schlägt er vor.
Wie können die Tiere diese Bitte abschlagen?! Und eins nach dem anderen erzählt noch mal seine Geschichte. Und diesmal lachen alle so laut und fröhlich miteinander, dass weit und breit der Waldboden wackelt ...

Ingrid Kellner

Geburtstag bei Familie Hase

Mit Bildern von Ute Krause

Hasengeburtstag

Hupsi, Hasi und Lupinchen sind Hasendrillinge und haben heute Geburtstag. Hupsi und Lupinchen singen: „Hasi in der Grube sitzt und schläft, sitzt und schläft, armes Häschen, bist so krank, dass du nicht mehr hüpfen kannst?"
„Ich bin nicht krank", ärgert sich Hasi. „Ich hab nur überlegt, was wir uns zum Geburtstag wünschen."

„Natürlich Geschichten, was denn sonst?", sagen die Geschwister.
„Au ja", schnauft Hupsi. „Gute Idee!"
Hupsi, Hasi und Lupinchen hoppeln ins Nest.

Familie Hase wohnt unter einem Weißdornstrauch im Brombeerdickicht. Da haben sie es sicher und gemütlich. Alles ist mit Hasenhaar und Heu gepolstert.
„Los, Hasi, hüpf, da kommen unsere Gäste!", ruft Hupsi.
Es sind Oma und Opa Wackelzahn, Onkel Mümmel und Tante Mümmeline, Kusine Flippi-Floppi und Meister Lampe.
„Nur immer hereinspaziert", sagt Papa Hase. „Zum Geburtstag gibt es Kohlkopftorte und Karottenkaffee."
„Und was kriegen wir geschenkt? Wir wollen viele Geschichten haben", rufen Hupsi, Hasi und Lupinchen.
„Seid nicht so ungeduldig", sagt Mama Hase.
„Geht raus zum Spielen, Kinder", sagt Papa Hase. „Wir Großen wollen erst in aller Ruhe unseren Kaffee trinken."
„Vergesst die Geschichten nicht", rufen die Hasenkinder und hopsen davon – jedes in eine andere Richtung.

Eine Geschichte für Hasi

Draußen begegnet Hasi Robert. Robert ist ein Rabe. „Ich hab heute Geburtstag“, sagt Hasi. „Erzählst du mir eine Geschichte?“

„Ausnahmsweise“, sagt Robert Rabe. „Also, ich mag Hasen gerne und hab sogar mal einen gerettet. Der Hase hieß Herbert. ‚Ach, wenn ich doch nur fliegen könnte‘, seufzte Herbert immer und starrte dabei in den Himmel.

Herbert war nicht blöd. Er wusste ganz genau, dass man nur mit Flügeln fliegen kann. Deshalb sammelte er Federn: schwarze von Raben, weiße von Gänsen, gestreifte von Habichten und grün schillernde Entenfedern.

Dann bastelte er sich eine tolle Flugmaschine. Als er damit fertig war, stieg er auf den höchsten Berg und schnallte sich das Gerät an.

Ein Adler, der in seinem Felsennest saß, lachte sich schief und krumm: ‚Haha, ein Hase will fliegen, haha!‘

‚Na, warte‘, dachte Herbert. ‚Dir werd ich's zeigen.‘

Er nahm Anlauf, breitete die Flügel aus und – flog. Jawohl, Herbert, der Hase, segelte elegant in den Lüften.

Das hielt der Adler nicht aus. Er wollte ihn fangen und streckte schon seine gierigen Krallen aus, da schlug Herbert einen Haken in der Luft. Er kam ins Trudeln und stürzte ab.

Aber ich flog unter ihn und hab ihn gerettet, den tapferen Flughasen, weil ich Adler nun mal nicht leiden kann.“

„Das war eine spannende Geschichte“, sagt Hasi und hüpft weiter.

Eine Geschichte für Hupsi

Hupsi rennt sofort zur Sandkuhle und macht ein Häufchen, lauter kleine Hasenperlen.
„He", schreit jemand. „Kack woanders hin!"
Hupsi dreht sich total erschrocken um.

Eine kleine Eidechse gräbt sich aus dem Häufchen raus. „So eine Unverschämtheit!", schimpft Elli Eidechse. „Früher hättest du dir das nicht erlauben dürfen."
„Warum nicht?", fragt Hupsi. „Erzählst du's mir?"
Elli Eidechse züngelt: „Früher, ganz früher, waren die Echsen die Herrscher der Welt.
Wir waren riesengroß, höher als der Wald, und stark. Der Boden zitterte, wenn unser König Tyrannosaurus Rex daherkam."
„Das kann ich auch", sagt Hupsi und klopft mit den Hinterpfoten auf den Sand.
Der Boden zittert. „Hör auf!", zischt Elli. „Jetzt weiß ich nicht mehr weiter."
„Warum seid ihr heute so klein?", erinnert Hupsi sie.
„Wir haben damals alles aufgefressen, was es zu fressen gab: Hasen, Gemüse, Obst und so. Zum Schluss fraßen wir uns gegenseitig."
Hupsi schaudert.
„Nur ein paar ganz winzige Saurier, so wie ich, sind übrig geblieben."
„Da siehst du's mal wieder", sagt Hupsi. „Klein sein ist das Größte."
„Genau", sagt Elli Eidechse. „Übrigens: Alles Gute zum Geburtstag! Aber das nächste Mal kuckst du dich vorher um, wenn du musst, klar?"
„Alles klar", lacht Hupsi.

Eine Geschichte für Lupinchen

Lupinchen begegnet einer Schnecke. „Hallo, ich bin Lupinchen, erzählst du mir eine schöne Geburtstagsgeschichte?"

„Ich kannte mal ein Häschen", fängt die Schnecke an, „das hieß Lupinchen wie du. Sie wollte ihre Oma besuchen, die ganz allein hinterm Wald wohnte.
Und in dem Wald lebte eine Fee. Es war eine grüne Fee. Sie sah aus wie eine kleine Paprikaschote. ‚Komm mit', sagte die Fee. ‚Ich schenk dir süßen Klee.'
Aber Lupinchen wollte ihre Oma nicht warten lassen. ‚Tut mir Leid, keine Zeit', sagte Lupinchen.
Da säuselte die Fee: ‚Oder willst du tolle Ohrenwärmer?'
‚Nein!', sagte Lupinchen.
Aber die Fee ließ nicht locker. ‚Möchtest du vielleicht Karotten?' Sie drückte Lupinchen ganz fest an sich. Jetzt hatte Lupinchen genug.
‚Lass mich in Ruh!', rief sie und zwickte die Fee.
‚Aua', schrie die Fee. ‚Du bist gemein!'
‚Bin ich nicht', sagte Lupinchen empört. ‚Ich muss mich doch wehren.'
‚Stimmt eigentlich', sagte die Fee. ‚Ich bin manchmal echt etwas anstrengend. Musst du wirklich schon gehen? Ich bin nämlich so allein.'
‚Komm doch mit zu meiner Oma', sagte Lupinchen.
‚Gute Idee!', sagte die Fee.
Die Oma mochte die Fee auf Anhieb. Da waren alle beide nicht mehr allein.
Lupinchen hoppelte froh nach Hause."
„Das tu ich jetzt auch", sagt das Geburtstags-Lupinchen.
„Tschüss, Schnecke! Und einen schönen Tag wünsch ich dir."

Ein tüchtiger Hochsee-Hase

Hupsi, Hasi und Lupinchen kommen gleichzeitig nach Hause. Die Großen sind mit dem Kaffeetrinken fertig. Onkel Mümmel sagt: „Jetzt spitzt mal die Löffel! Ich kannte einen Hasen, der hatte Wald und Wiese satt. Er hieß Hänschen Hase und wollte aufs weite Meer hinaus.
Wenn man aufs Meer will, fährt man am besten mit einem Schiff, dachte Hänschen Hase.

Er saß am Bach, stundenlang, tagelang, aber kein Schiff kam vorbei. ‚Mist!', schimpfte Hänschen und hoppelte zum Biber. Der kannte sich mit Holz gut aus. ‚Biber, baust du mir ein Schiff?', fragte Hänschen.
‚Na klar', sagte der Biber. ‚Soll's hochseetüchtig sein?'
‚Hoch- oder Tiefsee', sagte Hänschen lässig, ‚Hauptsache tüchtig.'
Der Biber nagte ein paar Bäume ab und baute ein tüchtiges Schiff.
Hänschen fuhr los, den Bach runter und, schwups, rein in den Fluss. Den Fluss runter und, schwapp, rein in den Strom. Bis Hänschen Hase eines Nachts, wappel-schwappel, im Meer schaukelte. Der Mond schien auf die Wellen.
Jetzt bin ich auf dem weiten Meer, dachte Hänschen, und was nun?
Da kam ein anderes tüchtiges Schiff, in dem saßen zwei Matrosen. Der eine spielte Bassgeige, und der andere trommelte auf einem Blecheimer.
‚Uns fehlt noch ein Hase, der Trompete spielt', sagten sie. ‚Machst du mit?'
‚Na klar', sagte Hänschen. ‚Da mach ich mit.'
Hänschen Hase lernte Trompete spielen und wurde ein tüchtiger Hochsee-Hase."

Zorro, der Zauberer

Tante Mümmeline nimmt noch einen Schluck Kaffee und macht es sich bequem. „Ich weiß auch eine Geschichte: Zorro war ein großer weißer Hase mit einem schwarzen Fleck auf dem linken Auge, und er war ein Zauberer, viel besser als Herr Müller. Der holte Zorro jeden Abend aus seinem schwarzen Zylinder. ‚Rein in den Zylinder, raus aus dem Zylinder', sagte Zorro, ‚das langweilt total. Und überhaupt, ich hasse es, an den Ohren zu hängen!'
‚Sei doch nicht so empfindlich', lachte Herr Müller.
Na warte, dachte Zorro. Du wirst dich noch wundern.

Am Abend ging der rote Vorhang wieder auf. Doch als Herr Müller seine berühmte Hasennummer zeigen wollte, kam kein Zorro aus dem Zylinder.
‚Buh!', riefen die Leute.
Plötzlich hoppelte Zorro auf die Bühne, schnappte sich den Zauberstab und zauberte Herrn Müller weg.
Wo war er nur geblieben? Zorro grinste geheimnisvoll, fasste in den Zylinder und zog einen winzigen Herrn Müller heraus. Er hielt ihn an den Ohren hoch, und die Leute klatschten wie verrückt.
‚Du hast Recht', sagte Herr Müller nachher zu Zorro. ‚An den Ohren zu hängen ist das Letzte. Ich werde dich nie wieder hängen lassen.'
Aber er kam gar nicht dazu. Die Leute wollten nur noch Zorro, den großen weißen Hasen mit dem schwarzen Fleck auf dem linken Auge, zaubern sehen. Zorro wurde der beste und berühmteste Zauberhase auf der ganzen Welt."

Hase und Igel

Oma Wackelzahn, du bist dran", sagen die Hasenkinder.
„Ich kenne die wahre Geschichte von Hase und Igel", sagt Oma, „und die geht so: Es war einmal ein Igel, so ein Wichtigtuer. Der traf eines Tages meinen Urgroßvater Johann auf dem Kohlacker und sagte: ‚Wetten, Herr Johann, dass ich schneller laufen kann als Ihr!'
‚Niemals', rief Johann. ‚Bei meiner Ehre!'
‚Und Eurem Schwänzchen', sagte der Igel. ‚Das darf ich Euch ausreißen, wenn ich gewinne.'
‚Topp, die Wette gilt', sagte mein Urgroßvater und erzählte zu Hause alles meiner Urgroßmutter Sofie.
‚Der Igel will dich austricksen', sagte sie.
‚Potz Blitz, aber wie?'
‚Das lass meine Sorge sein', sagte Sofie und versteckte sich beim Dorfbrunnen.
Da stand die Frau des Igels und kicherte. ‚Mein Mann und ich sehen aus wie Zwillinge', sagte sie zu Frau Eichkatz. ‚Ich werde mich einfach beim Ziel verstecken, und wenn der doofe Hase endlich kommt, rufe ich: Bin schon da!'

Na warte, dachte meine Urgroßmutter und ging Schnecken sammeln. Dann spazierte sie hinter dem Ziel herum und rief: ‚Huch, so viele Schnecken, das ist ja gruselig!'
Die Igelin konnte nicht anders: Sie lief aus dem Ziel heraus, von einer Schnecke zur anderen, und schmatzte sie alle weg. So kam's, dass mein Urgroßvater Johann Hase die Wette gewann. Und Ehre und Schwänzchen behielt. Jawohl!"

ZiEL

Billy im Mond

Jetzt erzählt Papa Hase: „Billy war ein amerikanischer Hasenjunge. Er wollte so gerne zum Mond. Billy war richtig mondsüchtig. Jede Nacht lief er durch die Gegend und guckte in den Mond. War da nicht jemand, der ihn rief?
‚Ich komme!', sagte Billy und sprang so hoch, wie er nur konnte. Und, rumms, knallte er an einen Baum. Autsch, schon wieder eine Beule.

Am nächsten Tag fragte sein Papa: ‚Na, Billy, hast du wieder mal in den Mond geguckt? Weißt du, zum Mond kommt man nur mit einer Rakete.'
‚Ach so', gähnte Billy und ging ins Bett. Er verschlief den ganzen Tag, weil in den Mond gucken und an Bäume rumsen so müde machen.
Eines Nachts sah Billy mal wieder nichts anderes als den Mond. Der strahlte und tauchte die ganze Welt in ein silbernes Licht. Rumms, knallte Billys armer Kopf an einen silbernen Baum. Nein, kein Baum, eine Rakete! Billy war zufällig auf einem Raketenstartplatz gelandet. ‚Das ist meine Chance', dachte er und schlüpfte hinein. Los ging's!
Billy verschlief die lange Reise, und als die Rakete gelandet war, sprang er hinaus. Es war wunderbar: alles silbern und keine Bäume zum Hinrumsen. Billy sprang vor Freude zehn Meter hoch. Und wer sprang ihm da entgegen? Ein silbernes Hasenmädchen!
‚Endlich bist du da, Billy', sagte es und machte einen Freudensprung. Seitdem hüpfen zwei kleine Hasen auf dem Mond herum."

Sonne auf dem Bauch

Ich kenne ein Häschen", sagt Mama plötzlich, „das ist ein Daumenlutscher-Häschen."
Hupsi zieht sofort seinen Daumen aus dem Mund. „Aber Daumenlutschen ist schön, Mama. So schön wie Sonne auf dem Bauch."
„Gut gesagt", meint Meister Lampe. „Ich kannte mal einen Hasen, der ließ sich den ganzen Tag die Sonne auf den Bauch scheinen.
‚So ein Faulpelz!', sagten die Leute.
Aber sie wussten nicht, dass Hugo Klecksel die ganze Nacht Ostereier anmalte. Er malte die Sonne."
„Mit Gelb", sagt Hupsi.

„Ja, mit Gelb und mit Gold. Dann malte er den Himmel dazu."
„Mit Blau", sagt Hasi.
„Ja, mit Blau und mit Weiß."
„Weiß wie die Wolken", sagt Lupinchen.
„Genau", sagt Meister Lampe.
„Und Rot und Rosa und Lila", fragt Kusine Flippi-Floppi, „was malte er damit?"
„Ein dickes Herz", antwortet Meister Lampe.
Hupsi nuckelt nachdenklich am Daumen. „Und wie ist es dann mit Hugo Klecksel weitergegangen?"
„Gut", sagt Meister Lampe, „sehr gut. Hugo Klecksel war der beste Ostereiermaler seiner Zeit. Alle Kinder, die an Ostern seine Eier fanden, waren Glückskinder."
Hupsi lacht. „Meister Lampe, dein Daumen!"
Meister Lampe wird rot und zieht sofort den Daumen aus dem Mund. „Es ist tatsächlich wie Sonne auf dem Bauch", lächelt er verlegen.

Zitronen-Lilly

Da fällt mir noch eine Geschichte ein", sagt Tante Mümmeline.
„Erzähl doch", rufen die Hasenkinder.
„Na gut", sagt Tante Mümmeline. „Es ist die Geschichte von Zitronen-Lilly. Das war eine junge Häsin, die wollte so gerne berühmt werden, am liebsten als Opernsängerin. Nur mit der Stimme haperte es. Die Hasen hielten sich die Ohren zu,

wenn Lilly übte: ‚Alle Häschen sind schon da ...'
‚Hör auf, das tut ja weh!', stöhnten sie.
Lilly war zutiefst beleidigt und wanderte einfach aus. Sie hoppelte nach Italien. Dort lernte sie das Schlagersingen.
Einmal saß Lilly unter einem Zitronenbaum und übte ‚O sole mio', das heißt ‚Oh meine Sonne'. Das ist eigentlich ein sehr schönes Lied, aber die Zitronen zitterten und plumpsten entsetzt vom Baum.
Der Zitronenbaum-Besitzer sah das und war furchtbar froh. Nun musste er nicht mehr mühsam mit der langen Leiter in seine Bäume steigen und Stück für Stück die Zitronen pflücken. Zitronen-Lilly sang sie einfach vom Baum.
Jede Zitrone wurde dann in ein buntes Seidenpapier gewickelt, auf dem das Bild von Lilly zu sehen war. Endlich war sie berühmt.
‚Kennt ihr das Land, wo die Zitronen blühn?', singen auch heute noch viele Leute. ‚Es ist das Land, wo Lilly singt so kühn.'"
Und Tante Mümmeline trällert es vor. „Hör auf!", rufen die Hasenkinder. „Das tut ja in den Ohren weh."

Freddy Fuchs will fernsehen

Ich weiß eine Geschichte vom Fuchs", sagt Hupsi und fängt an: „Der Hahn kräht, die Hennen gackern, und Freddy Fuchs hat Hunger. Aber der Bauer hat ein Gewehr, und der Hühnerhof einen Zaun. Nichts zu machen.
Freddy Fuchs läuft das Wasser im Mund zusammen. ‚Nur ein einziges kleines, weißes Hühnchen', denkt er.
‚Putt, putt, putt', macht Freddy Fuchs vor dem Zaun. ‚Putt, putt, putt. Komm her, du kleines Hühnchen!'
Das kleine, weiße Hühnchen sagt: ‚Was hast du zu bieten, Freddy? Am liebsten mag ich Weizenkörner.'
‚Tja, wo krieg ich die jetzt her?', denkt der Fuchs.
‚Wie wär's stattdessen mit einem kleinen Ausflug', schlägt er vor. ‚Ich zeig dir die große weite Welt.'
‚Nein, danke', sagt das kleine, weiße Hühnchen. ‚Die große weite Welt kenne ich schon. Wir haben nämlich einen Fernseher im Hühnerhaus. Magst du nicht reinkommen und zuschauen? Jetzt läuft gerade die Sendung mit der Maus.'
‚Aber gerne', sagt Freddy Fuchs und freut sich schon.
Das Hühnchen schreit: ‚Bauersfrau, mach die Tür auf, der Fuchs will fernsehen!'

Da kommt die Bauersfrau herausgelaufen und haut Freddy Fuchs ihren Besen auf den Kopf. ‚Aua, aua', jammert er. Freddy schafft's gerade noch zurück zum Wald. ‚Verflixt, das kleine, weiße Hühnchen war zu schlau für mich.'"

Gute Nacht!

Es ist spät“, sagt Oma Wackelzahn. „Schaut mal, der Mond scheint schon durchs Weißdorngebüsch. Ich glaube, wir gehen jetzt heim.“
„Ja“, sagt Opa Wackelzahn. „Es war ein wunderschöner Geburtstag.“ Alle verabschieden sich.
„Auf Wiedersehen“, ruft Papa Hase. „Kommt gut nach Hause!“

„So“, sagt Mama Hase. „Und ihr drei geht jetzt marsch ins Bett!“
„Ich bin überhaupt nicht müde“, gähnt Hupsi.
Hasi hat plötzlich schrecklichen Hunger.
„Eine allerallerletzte Geschichte“, bettelt Lupinchen.
„Wenn ihr eure Zähne geputzt habt“, verspricht Mama.
Bald liegen die drei Häschen eng aneinander gekuschelt in ihrem weichen Hasennest.
Mama Hase deckt sie zu und sagt: „Es waren einmal drei Hasenkinder, die hatten am selben Tag Geburtstag, denn sie waren Drillinge.“
„So wie wir, Mama?“, fragt Hupsi.
„Ja, ganz genauso. Sie hatten sich Geschichten gewünscht, und die bekamen sie auch. Und dann mussten sie ins Bett.“
„Genau wie wir“, mault Hasi.
„Wenn ich groß bin, geh ich nie, nie ins Bett.“
„In Ordnung“, sagt Mama.
„Und die drei Hasenkinder schliefen ein und träumten die Geschichten weiter.“
„Genau wie wir“, murmelt Lupinchen.
„Ja, genau wie ihr“, flüstert Mama.
Dann gibt sie Hupsi, Hasi und Lupinchen einen Gutenachtkuss. „Und jetzt schlaft gut und träumt schön, ich hab euch so lieb!“

Ingrid Kellner

Trixis erstes Hexenfest

Mit Bildern von Regine Altegoer

Es geht los

Die kleine Hexe Trixi ist ganz schön aufgeregt. Sie darf nämlich heute zum ersten Mal dabei sein. Auf dem Grünen Hügel, wo sich die Hexen einmal im Jahr zur Walpurgisnacht, dem größten Hexenfest, treffen.
Trixi zieht ihre feuerrote Strumpfhose an und steckt ihre Blümchenspange ins Haar. Das sieht total gut aus. Dann schlüpft sie in ihre schwarzen Stiefel mit den dicken Absätzen und bürstet ihren Hexenbesen gegen den Strich. „Los, Bärli, spring rauf!“, sagt sie zu ihrem lieben schwarzen Kater.

Nichts vergessen? Nein. Dann kann's ja losgehen. Hui!
Trixi fliegt weit, weit über Dörfer und Städte, über Wiesen und Wälder. Aber auf einmal kennt sie sich nicht mehr aus. Der Weg war doch auf der Einladungskarte eingezeichnet. Trixi kramt in ihrem Hexentäschchen. Keine Karte, voll vergessen. Verflixt und zugenäht! Es wird schon kalt und dunkel. Trixi, Bärli und der Besen wackeln vor Müdigkeit.
Da flackert weit vorne ein Licht. Juhu, es ist das Hexenfeuer auf dem Grünen Hügel! Trixi fliegt mit letzter Kraft darauf zu. Geschafft!
„Du kommst zu spät, Kleine“, sagt die Oberhexe streng.
Aber die Kräuterhexe sagt freundlich: „Schön, dass du da bist. Setz dich doch zu mir. Wie heißt du denn?“
„Trixi“, sagt die kleine Hexe.
„Heißa, Walpurgisnacht, Trixi, jetzt kann's losgehen.“
Trixi lacht und sagt auch: „Heißa, Walpurgisnacht!“

Walpurgisnacht

Heißa, Walpurgisnacht! Die Hexen fassen sich bei den Händen und hüpfen ums Feuer. Es lodert und flackert. Sie singen und jodeln ein Hexenlied nach dem anderen.
Ringsum in den Bäumen sitzt die Musik: Die Uhus wummern „Schu-hu-huu", „Kra-kra-krah" krächzen die Raben, und schräge Nachtvögel pfeifen so schrill, dass es in den Ohren klirrt.
Der Tanz wird immer wilder. Schließlich stolpern, husten und lachen die Hexen wie verrückt und kugeln auf dem Boden herum.
„Durst!", japst die Kräuterhexe. „Wo ist der Holunderwein?"
„Bei mir", ruft die Oberhexe.
Die Kräuterhexe zapft sich einen Krug und bringt auch Trixi einen kleinen Becher mit. Brrr, ist das bitter!
„Magst du lieber eine Schlüsselblumen-Limo?", fragt die Kräuterhexe.
Trixi nickt dankbar.
Und jetzt packen alle Hexen leckere Sachen für die Party aus: Spinnenspeckbrote, geräucherte Blindschleichen, Käfer-Knusperriegel und Spinatkuchen mit Regenwurm-Rosinen.
„Probier mal mein Brennnessel-Brot", sagt die Kräuterhexe.

Trixi rümpft die Nase. „Pfui Teufel, schmeckt das aber gesund."
„Seid mal alle ruhig", brüllt die Oberhexe. „Jetzt kommt der gemütliche Teil. Wir wollen uns was erzählen. Wer fängt an?"
„Ich, ich, ich", rufen alle.
Die Oberhexe lacht. „Ruhe! Jetzt soll die Knusperhexe anfangen."

Die Knusperhexe

Die Knusperhexe beginnt zu erzählen: „Ich wohne wie die Hexe von Hänsel und Gretel im Wald. Früher wollte ich immer Kinder fangen. Mit Kindern ist es nie langweilig. Aber es ist gefährlich: Bei Hänsel und Gretel musste die arme Hexe elendiglich verbrennen. Nein, so was passiert mir heute nicht mehr! Lieber bleibe ich allein und esse aus Langeweile mein Haus auf.
Neulich knusperte ich gerade ein Stück von meiner Dachrinne, feiner weißer Würfelzucker, da kamen zwei Kinder daherspaziert.
Sie sagten: ‚Iss nicht so viel Süßes, das ist schlecht für die Zähne. Weißt du was? Komm doch morgen zu uns. Wir wollen grillen.' Dann lachten sie laut und liefen davon.
Uuh, hab ich mich da aber gefürchtet! Wollten die mich vielleicht grillen? Aber ich war so schrecklich neugierig, ich musste einfach hin.
Und stellt euch vor: Die Kinder begrüßten mich und boten mir einen Liegestuhl und ein Glas Fruchtsaft an. Dann stellten sie mich ihren Eltern vor.

Die fanden, dass ich eine ganz reizende ältere Dame sei. ‚Wir sind erst vor kurzem in diese schöne Waldrand-Siedlung gezogen. Und jetzt hätten wir so gerne eine Freizeit-Oma für unsere Kinder. Wollen Sie nicht öfters zu uns kommen?'
Ich war geplättet. ‚Abgemacht!', sagte ich.
Nun sieht es ganz so aus, als hätten die Geschwister mich gefangen, mich alte Knusperhexe. Ich bin jetzt ihre Oma, und zwar gerne."

Die Sternchenhexe

Die Sternchenhexe ist auch da. Sie hat lange Haare bis zum Boden und Glitzerlack auf den Fingernägeln. Sie fliegt auf keinem Besen, sondern auf einem Kometen. Das ist ein Stern mit Schweif.
Sie erzählt: „Wenn es dunkel wird, schwinge ich mich auf meinem Kometen hoch in den Himmel hinauf, bis zu den Sternen. Wie sie funkeln und tönen! Die Sterne machen wundervolle Musik. Es klingt wie Harfe und Gießkanne. Klingelingeling, da sausen tausend Sternschnuppen durchs dunkle Weltenall. Ich fange mir ein paar und stecke sie in mein langes Haar. Es weht glitzernd hinterher, genauso schön wie der Kometenschweif.
Dann schnuppere ich an den Sternen, denn die meisten riechen sooo gut! Es gibt welche, die duften nach Zimt und Weihnachten, und welche, die riechen nach Maiglöckchen und Frühling. Es gibt sogar einen Stern mit scharfem Zwiebelduft, aber um den fliege ich lieber weit außen rum.
Zuletzt komme ich beim Pfefferminzstern vorbei. Das ist mein Lieblingsstern. Er ist rot und weiß gestreift. Ich breche mir einen kleinen Zacken ab. Hm, schmeckt das gut!
Dann fliege ich wieder zur Erde zurück. Die Sonne ist schon aufgegangen. Jetzt ziehe ich die Vorhänge zu und gehe ins Bett. Der Komet wird nicht wie ein Besen in die Ecke gestellt, nein, er darf auch mit unter die Decke schlüpfen. Er kitzelt ein bisschen und ist kuschelwarm."
„Verflixt!", lacht Trixi. „Das ist aber nett."

Die Hexe Faunhilde

Faunhilde ist eine Hexe, die mag Tiere gern. Spinnen krabbeln in ihrem Haar, Häschen und Hamster lugen aus den Taschen, und um ihren Hals schmiegt sich ein Fuchs wie ein lebendiger Pelzkragen.
Faunhilde erzählt: „Einmal ging ein Mann mit seinem Schäferhund an meinem Gartenzaun vorbei. Ich fütterte gerade die Erdkröten mit Krümelkeksen, als der Mann seinen Hund anbrüllte: ‚Bruno! Bleib da! Los, komm her, du Idiot!'
‚Wie findest du das?', fragte mein Fuchs.
‚Unmöglich', sagte ich und zauberte dem Schäferhund eine menschliche Stimme.

Da sagte Bruno seinem Herrchen mal voll die Meinung: ‚Glaubst du, es macht Spaß, zu dir zu rennen, wenn du pfeifst? Oder zu sitzen, wenn du Platz brüllst?'
‚He, Bruno', sagte der Mann total verblüfft. ‚Ich hab ja gar nicht gewusst, dass dir das was ausmacht.'
‚Und ob', sagte Bruno. ‚Ich soll bei Fuß trotten, wenn dir gerade danach ist. Das find ich echt blöd!'
‚Was soll ich denn machen?', fragte der Mann.
Da sagte ich: ‚Schau genau hin, und wenn du merkst, dass dein Hund Lust zum Laufen hat, kannst du sagen: Lauf, Bruno, lauf! Was glaubst du, wie er sich dann freut.'
‚Ja', sagte der Mann. ‚So geht das!'
‚Genau', sagte der Fuchs zufrieden.
‚Wuff-wuff-wuff', machte Bruno."
Und Trixi sagt: „Verflixt, Faunhilde, gut gemacht!"

Landhexe und Stadthexe

Die Landhexe sagt nachdenklich: „Was braucht eine Hexe schon mehr als ein Messer zum Gemüseputzen, eine Kristallkugel, um in die Zukunft zu schauen, und eine Katze, damit sie immer warme Füße hat?"
„Bäh", macht die Stadthexe, „total öde, so ein Leben auf dem Lande. Nix wie Mist und dreckige Gummistiefel."
„Hoho", lacht die Landhexe, „aber Kartoffeln und Eier, die magst du schon, was? Ich weiß da übrigens einen guten Zauber, damit die Hühner blaue Eier legen."
„Das interessiert doch niemanden", sagt die Stadthexe. „Ich kaufe die Eier nämlich im Supermarkt, und auf Kartoffeln steh ich nicht."
„Auf was stehst du dann?", fragt die Landhexe säuerlich.
„Na, auf die Stadt eben", sagt die Stadthexe. „Da ist immer was los: Autos, Busse, Straßenbahnen und so."
„Huh", sagt die Landhexe.
„Das ist ja lebensgefährlich. Man wird so leicht überfahren."
„Du vielleicht", sagt die Stadthexe. „Ich nicht. Ich hab nämlich ein Zebra. Das ist es, was eine Hexe braucht. Wenn ich über die Straße will, legt sich mein Zebra platt hin, und ich spazier einfach über seine Streifen. Alle Autos müssen halten, brems, quietsch."
„Genial", sagt die Landhexe. „Einfach genial!"
„Hm", sagt die Stadthexe.

„Hast du was von blauen Eiern gesagt?"
„Ja", sagt die Landhexe, lächelt und schenkt ihr sofort sechs Stück.
„Irre", sagt die Stadthexe. „Einfach irre!"

F-FM-22

Der Hexenbesen

Samstag ist immer Kehrtag bei uns im Dorf", erzählt eine Hexe. „Alle stehen furchtbar früh auf und kehren den Weg vor ihrem Haus. Ich lasse das meinen Besen alleine machen, noch vor dem Morgengrauen. Er kehrt sehr gut, und ich schlafe gemütlich weiter in meinem warmen Bett. Aber einmal hat es leider nicht geklappt, weil ich den Besen ein-

gesperrt hatte. Er konnte nicht raus zum Kehren. Als ich aufwachte, war es schon Mittag, und die Leute hatten allen Staub und Dreck vor mein Haus gekehrt.
So eine Gemeinheit! Jetzt musste ich selbst ran, oje, oje.
Plötzlich zupfte mich jemand am Rock. Es war der kleine Max, der Nachbarsjunge. Er schaute mich mit großen Augen an und fragte: ‚Sag mal, bist du wirklich eine Hexe?'
‚Wie kommst du denn da drauf?', sagte ich.
Max war so enttäuscht. ‚Und dein Besen, ist das auch kein echter Hexenbesen?'
‚Hm', sagte ich. ‚Vielleicht ist es doch einer.'
‚Wenn ich dir den Dreck wegkehre, lässt du mich dann fliegen?', fragte er.
‚Na, dann fang mal an', sagte ich.
‚Aber sofort', sagte der kleine Max. Er hat gekehrt, dass der Staub nur so geflogen ist. Und der Besen war auch nicht faul. Später durften die beiden fliegen. Sie schwebten in der Abenddämmerung über den Wiesen, unsichtbar natürlich. Dafür habe ich gesorgt."
Die Schmuddelhexe lacht laut: „Gut, dass ich keinen Kehrtag hab!"

Die Weiherhexe

Hatschi!“, macht eine Hexe neben Trixi. „Gesundheit“, sagt Trixi. „Du hast aber einen schlimmen Schnupfen.“
„Das ist normal bei mir“, schnieft die Weiherhexe.
„Weißt du, da wo ich wohne, ist es immer feucht.“
„Und wer ist das da?“, fragt Trixi. Ein kleines Pelztier, wendig wie eine Schlange, schnuppert an einer Dose Katzenfutter.
„Das ist Fritzi, mein Fischotter. Neulich hätte er mich fast gefressen. Ich hatte endlich einen Trick raus, wie man sich in einen Fisch verwandelt, fisch-platsch-plitsch, und schwamm fröhlich unter den glitzernden Wellen. Als ich gerade nach einer Fliege schnappen will, klickt hinter mir ein Maul mit tausend spitzen Zähnen zu.
Hilfe, ein Hecht! Ich jage davon, rein in eine kleine finstere Höhle, aber sie war schon besetzt. Ein Krebs zwickt mich so fest in die Flossen, dass ich wie der Blitz rückwärts wieder rausschieße.“
„Rein ins Hechtmaul?“, fragt Trixi.
„Nein“, sagt die Weiherhexe.
„Ins Maul von Fritzi. Er ist ans Ufer gehüpft, da wollte er mich in aller Ruhe verspeisen.
Mit allerletzter Kraft rief ich: ‚Halt, halt, Fritzi, ich bin's!‘ Da ließ er mich gleich los, und ich hab mich, platsch-fisch-futsch, wieder zurückverwandelt. Das hat ihn total verwirrt, den Kleinen! Seitdem traut sich Fritzi keinen Fisch mehr zu fressen.“
„Was frisst er denn dann?“, fragt Trixi.
„Katzenfutter“, kichert die Weiherhexe.

Die Hexe Fliseline

Die liebe Hexe Fliseline erzählt: „Der Rabe Schabernax klopfte eines Morgens an mein Küchenfenster. Ich öffnete es.
‚Huch', sagte Schabernax. ‚Bei dir ist es aber ordentlich. Ich glaube, du bist gar keine richtige Hexe.'
Meine Stube glänzte, alles war frisch poliert, sogar der Hexenkessel.

‚Bitte, putz dir die Füße ab', sagte ich freundlich.
Schabernax flatterte auf das weiße Tischtuch und wischte sich seine dreckigen Krallen ab. ‚Böse sein macht Spaß!', krächzte er.
‚Hör auf', sagte ich.
Doch Schabernax flog aufs Küchenbord und warf absichtlich ein Glas Stechapfelmarmelade um.
Scherben und Matsche spritzten durch die Stube.
‚Hör endlich auf', sagte ich.
‚Bitte!'
‚Fang mich doch', rief der Rabe und schmiss den Tollkirschenlikör um.
‚Jetzt reicht's', rief ich. ‚Scher dich zum Teufel!'
Schabernax kreischte vor Vergnügen. Da flippte ich aus: Ich warf mit allem, was mir zwischen die Finger kam.
‚Nicht getroffen, Schnaps gesoffen', lachte Schabernax übermütig.
Ich schleuderte den Hexenkessel und – Peng – hatte ich den Raben gefangen. ‚Bist du nun zufrieden?'
‚Ja', krächzte Schabernax und lugte unter dem Kessel hervor. ‚Endlich sieht's bei dir aus wie bei einer richtigen Hexe. Voll gemütlich. Sag, darf ich dein Rabe sein?'"

Die Hexe der vier Jahreszeiten

Und jetzt werden zum Schluss ein paar Zaubertricks vorgeführt", sagt die Oberhexe. „Du da, mit dem Flimmerkleid, fang an!"
„Kennt ihr mich nicht? Ich bin die Hexe der vier Jahreszeiten", sagt die Flimmrige.
Ihr Gewand ist unten braun wie die Erde und oben blau wie der Himmel, dazwischen sind lauter Blüten, Blätter und Früchte. Sie hat eisgraue Haare und ganz feine Runzeln im freundlichen Gesicht.
„Passt gut auf!", sagt sie und geht in die Mitte. Dabei kullern Kraut und Rüben unter ihrem Kleid hervor.

Dann breitet sie die Arme aus und tanzt. „Links und rechts und vor und rück, Jahreszeiten sind ein Glück", singt sie dreimal.
„He", sagt die Oberhexe. „Bei mir schneit es." Sie zaubert sich sofort einen Schlitten, schreit „Juhu" und saust den Grünen Hügel runter.
Trixi sitzt im Frühjahrsviertel zwischen Tulpen und Narzissen, und ihr lieber Kater Bärli jagt einem Schmetterling nach. Die Stadthexe strampelt sich aus ihren warmen Klamotten, weil bei ihr die Sommerhitze so reinknallt. Die Landhexe streichelt einen rotgoldenen Riesenkürbis. Bei ihr ist es Herbst, ihre liebste Jahreszeit.
Jetzt kommt die Oberhexe mit ihrem Schlitten wieder zurück. Eiskristalle funkeln auf ihren Wimpern.
„Das war eine gelungene Überraschung, liebe Hexe der vier Jahreszeiten. Du hast uns mit deinem Zaubertrick alle sehr glücklich gemacht!"

Abschied

Leise knistert die Glut. Das Walpurgisnacht-Feuer ist fast erloschen. Ein Hexenhahn reckt den Hals und will schreien, aber er kommt nur bis „Kiker-", dann hält ihm die Oberhexe den Schnabel zu. „Das würde dir so passen. Aber die Nacht ist noch nicht zu Ende. He, Feuerhexe, hast du uns vergessen?"
Die Feuerhexe sprüht Funken. „Hab ich nicht. Gleich könnt ihr was erleben!"
Da ist die Oberhexe gespannt und Trixi und die anderen auch. Die Feuerhexe wirft ein paar Kichererbsen in die Glut. Sie kichern, knallen und prasseln. Dann kommen die dicken Donnerschläge. Bumm, wie das kracht! Jetzt wirft die Feuerhexe bunte Strohblumen ins Feuer. Sie schießen mit Getöse in den Himmel und flammen zu riesigen Blüten auf.
Wunderbar! Trixi ist echt entzückt. Sie schnippt dreimal mit den Fingern, und die Feuerblumen schweben zu den Sternen. Da lacht die Sternchenhexe, und der Mond dreht sich für sie im Kreis.
Hui, jetzt springen alle Hexen auf ihre Besen und fliegen ums Feuer. Es leuchtet rot und blau und grün. So eine Pracht! Heißa, Walpurgisnacht!
Der Hexenhahn hält es nicht mehr aus: „Kikeriki!", krächzt er.

„Die Sonne, die Sonne", rufen alle. „Schnell in die Betten!"
„Auf Wiedersehn", ruft Trixi. „Bis zum nächsten Jahr."
Die Menschen, die das Feuerwerk weit hinter den Wäldern schimmern sahen, sagten: „Heuer waren die Hexen wieder gut drauf, ja, ja!"

Ingrid Kellner

Frohe Weihnachten, Familie Eisbär!

Mit Bildern von Michael Schober

Emil kann nicht schlafen

Es schneit. Es schneit und weht und stürmt am Nordpol. Emil, der kleine Eisbär, liegt im Winterschlaf. Plötzlich wacht er auf. Draußen vor der Höhle braust der Eiswind. Emil kuschelt sich tiefer in den warmen Bauchpelz seiner Mutter.
„Mama, ich bin wach", brummt er.
Aber Mutter Eisbär schläft tief und fest. Sie schnarcht leise. Emil dreht sich hin, Emil dreht sich her, aber es hilft nichts.

Er kann einfach nicht mehr winterschlafen. Da steckt er seine kleine schwarze Nase ins Ohr seiner Schwester Emma.
„Schläfst du?", fragt er.
Emma gibt keine Antwort.
Emil fühlt sich plötzlich sehr allein. Das macht ihn zornig.
Er zwickt Emma in die Pfote.
Ziemlich fest.
„Humpf", macht sie. Emma ist Emils Zwillingsschwester. Die beiden machen immer alles zusammen. Aber jetzt will Emma einfach allein weiterschlafen.
„Ich hab so schön geträumt", murmelt sie.
„Was denn?", will Emil wissen.
„Von der Sonne und vom blauen Meer", sagt Emma. „Oh, verflixt, jetzt bin ich auch wach. Was machen wir nun?"
„Wir gehen ein bisschen raus", schlägt Emil vor.
„Mitten im Winter?", fragt Emma. „Wir werden erfrieren."
„Quatsch", sagt Emil. „Wir sind doch Eisbären mit einem superdicken Fell. Da kann uns nichts passieren."

Weihnachten, was ist das?

Emil und Emma, die kleinen Eisbärenzwillinge, freuen sich: „So viel frischer Schnee!“, ruft Emma.
„Wir wollen Schlitten fahren“, sagt Emil. „Komm, setz dich auf mich!“
Er legt sich flach auf den Bauch, und Emma setzt sich auf seinen Rücken. Sie rutschen den Hügel vor der Höhle runter. Immer schneller.
„Juhu!“, lacht Emma. Da sieht sie plötzlich einen kleinen Kerl im schwarzen Anzug und winkt.

„Aus der Bahn!“, schreit sie, aber *wumm!*, *pumm!*, haben sie ihn umgefahren.

Der Kleine steckt kopfüber im tiefen Schnee. Emil und Emma ziehen an seinen Füßen.
Plopp!, ist er wieder da.
„Paulchen“, ruft Emil erstaunt, „du bist das.“
„Paulchen Pinguin“, sagt Emma, „entschuldige bitte!“
Paulchen Pinguin ist ihr bester Freund und gar nicht beleidigt. Er bürstet sich den Schnee ab und sagt: „Wisst ihr schon das Neueste? Bald ist Weihnachten!“
„Aha“, sagt Emil. „Ist Weihnachten nett?“
„Kann man es essen?“, fragt Emma.
Paulchen Pinguin muss lachen. „Ihr wisst nicht mal, was Weihnachten ist!“
„Na und“, brummt Emil. „Wir winterschlafen doch sonst um diese Zeit. Aber was Weihnachten ist, kriegen wir schon noch raus.“
„Da bin ich aber gespannt“, sagt Paulchen und wackelt weg zum Fischen. „Macht's gut, ihr zwei!“

Ein Adventskalender

Die Eisbärenkinder spielen Mensch ärgere dich nicht.
„Jetzt komm ich", sagt Emil und würfelt eine Sechs.
„Und dann kommt Weihnachten", fällt Emma ein.
„Au ja", sagt Emil, „aber wann?"
„Mama weiß es bestimmt", sagt Emma.
Die Eisbärenkinder rupfen und zupfen ihre Mutter am Fell, bis die große Bärin vom Winterschlaf aufwacht.
„Was ist los?", brummt sie. „Ist der Nordpol abgetaut oder euer Vater nach Hause gekommen?"

„Nein, nein", sagt Emil. „Wir wollen nur wissen, wann Weihnachten kommt."
„Am vierundzwanzigsten Dezember", brummt Mama Eisbär. „Lasst mich schlafen, Kinder!"
„Ist das morgen, übermorgen oder überübermorgen?", quengelt Emma.
„Ihr seid eine Plage!", seufzt Mutter Eisbär und erhebt sich schwerfällig. Dann wankt sie gähnend zur Kühltruhe, gräbt vierundzwanzig eisgekühlte, steife Heringe raus, zieht sie auf eine Schnur und hängt sie in der Höhle auf.
„So", sagt sie. „So viele Heringe, so viele Tage. Jeden Abend gibt es einen als Betthupferl, und wenn sie alle sind, ist Weihnachten da."
„Das ist ja wie ein Kalender", staunt Emma.
„Genau", brummt Mama Eisbär. „Bei den Menschen heißt das Adventskalender. Jetzt dürft ihr noch einen Adventshering essen, und dann ist es Zeit zum Schlafengehen."

Weihnachten ist lustig

Emil und Emma spielen Eisschollenspringen. Wer ins Wasser fällt, hat verloren.
„Jetzt bin ich dran", schreit Emil und nimmt Anlauf. Er springt. Er rutscht. *Platsch*, Emil plumpst ins Meer. Brrr, ist das kalt!

Jemand lacht ganz laut: „Haha, hehe, hoho!" Es ist Onkel Walross. Er liegt breit auf der nächsten dicken Scholle.
„Hör auf, Onkel Walross", sagt Emil und schüttelt sich das Wasser aus dem Fell. „Sag uns lieber, wie Weihnachten ist!"

„Weihnachten ist furchtbar lustig", kichert Onkel Walross. „Haha, hihi!" Sein Schnurrbart zittert, und seine Speckfalten wabbeln vor Vergnügen. „Wir haben letztes Jahr so gefeiert und gelacht", erzählt Onkel Walross, „dass Tante Robbe von ihrer Eisscholle geplumpst ist. Haha, hehe, hoho!" Er wiegt sich hin und her, und jetzt plumpst er vor Lachen selbst ins Wasser.
Emil und Emma kringeln sich. Onkel Walross taucht wieder auf und spritzt sie nass.
„Hör auf, Onkel Walross", lachen die Eisbärenkinder und rennen tropfnass heim. Zu Hause kichern sie noch immer.
„Was ist denn so lustig?", fragt Mama Eisbär.
„Weihnachten", prusten Emil und Emma, „und Onkel Walross."
„So, so", lächelt Mama und trocknet sie ab. „Jetzt ist es aber Zeit für euren Adventshering. Und dann ab ins Bett. Gute Nacht!"

Tante Robbe

Emil und Emma schlittern übers Eis. Es ist wunderbar glatt. Da bleibt Emil mit einem Fuß in einem Loch hängen. Beinahe hätte er sich wehgetan.
Emma schnüffelt daran: „Es riecht nach Tante Robbe“, sagt sie. „Das ist ihr Atemloch.“
Sie steckt den Kopf hinein und ruft: „Tante Robbe, wir wollen dich was fragen!“
Zuerst passiert nichts, dann gluckert es leise, und Tante Robbe guckt vorsichtig aus dem Atemloch. Sie hat einen süßen Schnurrbart und schwarze Kulleraugen. „Hallo, ihr beiden. Was wollt ihr denn wissen?“
„Weihnachten“, sagt Emil.
„Was weißt du über Weihnachten?“
„Oh“, stöhnt Tante Robbe, „Weihnachten macht tierisch viel Arbeit.“
„Warum?“, fragen die Eisbärenkinder.
„Zuerst muss man alle Eisschollen putzen, bis sie ganz glatt sind“, seufzt Tante Robbe. „Na, und dann die Kocherei. Aber euer Onkel Walross freut sich das ganze Jahr auf meinen Fischpudding.“
Da kriegen Emil und Emma einen Riesenhunger.
„Soll ich euch das Rezept verraten?“, fragt Tante Robbe.
„Nein, danke“, sagt Emma.
„Wir müssen sofort nach Hause“, sagt Emil.
Sie freuen sich so auf ihren Adventsfisch. Ah, der schmeckt!
„Und jetzt ist es Zeit fürs Bett“, brummt Mama Eisbär.
„Gute Nacht, und träumt recht schön!“

Brief an den Weihnachtsmann

Heute mögen Emil und Emma nicht raus. Sie hängen ihrer Mutter wie Kletten im Pelz. Mama Eisbär ist genervt: „Wenn ihr mich jetzt nicht sofort in Ruhe lasst, kriegt ihr nichts zu Weihnachten."
„He!", schreit Emil und klettert auf Mamas Schoß. „Was kriegen wir denn?"
„Geschenke vom Weihnachtsmann", brummt Mutter Eisbär. „Und jetzt raus mit euch!"
Draußen bei der Gletscherwand treffen sie Paulchen Pinguin.
„He, Paulchen, kennst du den Weihnachtsmann?", fragt Emil.
„Nicht persönlich", sagt Paulchen Pinguin.
„Woher soll der Weihnachtsmann dann wissen, was man sich wünscht?", fragt Emil.
„Das ist ein Problem", sagt Paulchen Pinguin nachdenklich.
Da hat Emma eine Idee: „Wir könnten ihm schreiben", sagt sie aufgeregt.
„Einen Brief an den Weihnachtsmann", lacht Emil. „Emma, du bist genial!"

Sie traben ganz schnell nach Hause, und Mama muss die Briefe schreiben.
„Lieber Weihnachtsmann!", diktiert Emma. „Ich wünsche mir eine Eisbärpuppe und einen Malkasten und ganz viele Zuckerheringe. Alles Liebe, deine Emma Eisbär, Gletscherstraße sieben."
Emil wünscht sich einen Fußball und einen Schneegleiter und auch ganz viele Zuckerheringe.
Danach sagt Mutter Eisbär: „Vergesst euren Adventshering nicht, und dann ab ins Bett!"

Besuch aus der Tundra

Es schneit. Dicke Flocken fallen. Emil und Emma spielen Verstecken. Emma findet ein prima Versteck hinter einer Schneewehe. Plötzlich taucht ein großer, grauer Schatten vor ihr auf. Riesig und gewaltig stakst er auf sie zu.

„Hilfe!", schreit Emma.

„Wo bist du?", ruft Emil besorgt.

„Das möchte ich auch gerne wissen", sagt der Riese sanft. Es ist ein Elch. „Ich glaube, ich habe mich verlaufen. Wisst ihr, wo die Tundra ist? Das ist die Gegend, wo noch Bäume wachsen."

„Null Ahnung", sagt Emil. „Aber weißt du vielleicht, was man an Weihnachten so braucht?"

„Tja", sagt der Elch, „zuallererst braucht man natürlich einen Weihnachtsbaum."

Aber die kleinen Eisbären haben noch nie einen Baum gesehen.

„Ein Baum hat einen Stamm, Äste und Zweige, alles aus Holz", erklärt der Elch. „Und dann noch Nadeln."

„Prima", sagt Emil, „das kriegen wir hin. Und zur Tundra musst du nach dem zweiten Eisberg links abbiegen, glaube ich. Komm gut nach Hause, Elch! Wir müssen jetzt auch heim."

„Was sucht ihr in meinem Nähkästchen?", fragt Mutter Eisbär wenig später.

„Nadeln", sagt Emma und steckt Mamas Stecknadeln mit den bunten Glasköpfchen auf ein Stück Treibholz. „Das wird unser Weihnachtsbaum."

„Also wirklich", lacht Mama Eisbär, „ihr seid ganz schön erfinderisch. Und jetzt dürft ihr noch euren Adventsfisch knabbern, dann geht's ins Bett!"

Vetter Fuchs

Ein paar Tage später spielt Emma allein. Sie hat gar nicht gemerkt, dass ein Sturm aufgezogen ist. Nun heult der Wind und wirbelt den Schnee durch die Luft. Es wird stockfinster. Eiskristalle stechen in Emmas Nase. Das tut weh!

„Mama!", ruft sie und tappt mühsam voran, aber sie hat sich verirrt. Da stolpert sie plötzlich über einen kleinen Hügel. „Hoppla", sagt der Hügel. Es ist ein eingeschneiter Polarfuchs. „Komm, kuschel dich neben mich", sagt er, „dann können wir uns gegenseitig wärmen." Er legt seinen Schwanz über Emmas Nase, damit sie wieder auftaut.
„Wie der Fuchs riecht", denkt Emma. „Ganz anders, aber gut."
Als der Sturm vorbei ist, sagt der Fuchs: „Soll ich dich nach Hause begleiten?"
Mutter Eisbär ist froh, dass Emma wieder da ist. „Ich hab mir solche Sorgen gemacht! Danke, Vetter Fuchs, dass du mein Kind gerettet hast."
Emil fragt Vetter Fuchs, was er sich zu Weihnachten wünscht. Der Fuchs überlegt. „Eine schöne, fette Schneegans", sagt er und leckt sich mit der Zunge übers Maul. „Und die Preiselbeeren nicht vergessen!"
Emma schenkt ihm zum Abschied ihren Adventsfisch, und dann bringt Mutter Eisbär die Eisbärenkinder ins Bett. Emma kriegt sogar eine Wärmflasche.
„Die ist schön warm, aber nicht so kuschelig wie Vetter Fuchs", denkt Emma beim Einschlafen.

Das Nordlicht

Weil man zu Weihnachten Lichter braucht, viele Lichter, klettern die Eisbärenkinder eines Tages auf den großen Schneeberg, über dem das Nordlicht tanzt. Hei, wie es flimmert, strahlt und blitzt! Aber es lässt sich nicht fangen. Kaum sind Emil und Emma oben, huscht das Nordlicht zum nächsten Berg.

„Es macht sich über uns lustig“, sagt Emil erbost.
Sie rutschen den Berg hinunter und klettern den nächsten wieder rauf. So geht es noch viele Male.
„Jetzt hab ich aber die Schnauze voll“, sagt Emil.
Inzwischen ist es Nacht geworden.
Emil und Emma starren auf die tanzenden Lichter in der Ferne. Müde rutschen sie den letzten Berg hinunter und knallen, hoppla, an einen Iglu.
„Herein!“, ruft jemand.
Emma traut sich als Erste, ihre Schnauze hineinzustecken, und ist ganz überrascht, als sich ein Eskimomädchen die Nase an ihrer Schnauze reibt. Dann kommt Emil dran. Die beiden gucken sich im Iglu um.
„Gemütlich“, sagt Emma.
„Oh, so viele kleine Nordlichter. Wie hast du sie gefangen?“ Das Mädchen lacht. „Das sind Kerzen“, sagt es. „Wollt ihr ein paar haben?“ Emil und Emma nicken begeistert. Und dann kriegen sie noch einen Räucherfisch.
„Schmeckt viel besser als unser Adventsfisch“, meint Emma.
Emil nickt. Und dann machen sie sich auf den Heimweg.

Krippenspiel

Emil und Emma machen mit Paulchen Pinguin eine Schneeballschlacht. Danach bauen sie einen tollen Schneemann.
„Und jetzt", fragt Emma, „was machen wir jetzt?"
„Jetzt spielen wir Weihnachtskrippe", sagt Paulchen Pinguin.
„Au ja", sagt Emil, „und wie geht das?"
„Emma, du bist die Maria", ordnet Paulchen an. „Emil soll der Josef sein, und ich bin das Jesuskind." Er buddelt sich eine Mulde in den Schnee, legt sich rein und lächelt ganz lieb. „Und jetzt müsst ihr mir was vorsingen."
„Eisbär klein geht allein in die weite Welt hinein", singt Emil.
„Pelz und Hut stehn ihm gut, ist ganz wohlgemut", singt Emma fertig.
Das Jesuskind ist sehr zufrieden, obwohl es kein richtiges Weihnachtslied war. Und dann dürfen auch Emil und Emma mal das Jesuskind sein.
Wieder zu Hause, seufzt Emil: „Ach, wenn es nur bald Weihnachten wäre!" Emma schaut auf den Adventskalender an der Wand. Noch so viele Heringe! „Wenn wir sie nun alle auf einmal essen?", überlegt sie.
„Schlau!", sagt Emil, und dann futtern sie die Adventsheringe der Reihe nach auf.

„Ihr könnt Weihnachten wohl gar nicht abwarten", brummt Mama, als sie von draußen reinkommt. Aber Emil und Emma haben Bauchweh.
„Geschieht euch recht", sagt Mama. Die zwei ungeduldigen Eisbärenkinder müssen bitteren Tee trinken und gleich ins Bett. Ohne Adventsfisch!

Der Weihnachtsstern

Es ist schon dunkel. Emil und Emma sitzen vor der Höhle und gucken in den Himmel. Die Sterne funkeln.
„Schau mal", sagt Emil, „da ist der Große Eisbär."
„Und dort ist der Kleine", sagt Emma. Gleich daneben flimmert ein helles Sternchen. Es zwinkert und blinkert ihnen zu.
„Was will es denn?", wundert sich Emil.

Der kleine Stern ruckelt und zuckelt. Endlich hat er sich von seinem Platz am Himmel losgemacht, schreit „Juhu!" und kommt sirrend herab. Er wird größer und größer und zieht einen strahlenden Schweif hinter sich her.
„Pass doch auf!", ruft Emma. Der Stern kriegt gerade noch die Kurve. Er zischt an Emil und Emma vorbei und schwirrt kichernd wieder zum Himmel hinauf.
„Das war knapp", stöhnt Emil. „So ein verrückter Stern!"
„Ich glaube, das war der Weihnachtsstern", sagt Emma.
Dort, wo der Stern die Schneedecke gestreift hat, funkelt es.
„Wer zuerst dort ist!", ruft Emil, und die beiden Eisbärenkinder rennen los.
„Erste", japst Emma. „Schau, der Stern hat einen Zacken verloren."
„Wunderbar!", keucht Emil.
„Das wird eine Überraschung für Mama."
Mutter Eisbär hat auch eine Überraschung.
„Da hängen ja neue Adventsfische!", schreit Emma begeistert.
„Lecker-schlecker!", sagt Emil.
Danach werden die Zähne geputzt, und dann geht's gleich ins Bett.

Papa Eisbär

Mama, uns ist so langweilig", jammern die Eisbärenkinder. „Was sollen wir tun?"
„Ihr könnt mir beim Weihnachtsputz helfen", schlägt Mutter Eisbär vor.
„Nö", mault Emil, „das langweilt doch."
„Geht raus und grabt euch eine eigene Höhle", brummt Mutter Eisbär genervt.

Gute Idee! Emil und Emma graben und graben. Zuerst einen langen Gang und dann eine kuschelige Höhle. Gleich wird es warm. Da hören sie ein komisches Geräusch. *Chrrr-brumm, chrrr-brumm.*
„Klingt wie Schnarchen", sagt Emil.
Emma stellt die Ohren auf. „Es kommt aus dieser Richtung", sagt sie. Sie graben weiter. Plötzlich brechen sie durch und landen in einer anderen Höhle. Da liegt ein riesiger weißer Bär und schnarcht, dass alles zittert und wackelt.
„Papa!", schreit Emil und springt ihm auf den Bauch.
„Umpf!" Papa Eisbär umarmt seine Kinder.
Emma fragt: „Warum bist du hier?"
„Ich wollte euch nicht stören", sagt Papa. „Wisst ihr, ich schnarche ein bisschen."
„Macht doch nichts", sagt Emil, und dann nehmen sie ihn mit nach Hause.
„Da bist du ja endlich", sagt Mutter Eisbär froh.
Und dann kriegt Papa auch einen Adventsfisch, und alle gehen gleich ins Bett. Sie schnarchen, *chrrr-brumm, chrrr-brumm*, alle miteinander, und es ist richtig gemütlich.

Weihnachtsplätzchen

Heute ist es klirrkalt. Emil und Emma springen über dicke Eisschollen, die wie Waffelbruch übereinander liegen. Da entdecken sie weit vorne ein Schiff. Es ist ein Eisbrecher.
„Los, nichts wie hin!", ruft Emil.
Oben steht der Kapitän und friert.
„Was tust du hier?", fragt Emil neugierig.
„Wir stecken fest", seufzt der Kapitän. „Wir warten, bis es wärmer wird."
„Und was riecht da so gut bei euch?", fragt Emma und schnuppert.
„Tja, wir backen Weihnachtsplätzchen", sagt der Kapitän. „Wie wär's, wollt ihr mitmachen?"
„Au ja!" Emil und Emma klettern begeistert auf das Schiff.
In der Kombüse steht Otto, der Koch, und walkt den Teig.
Emil darf Monde und Sterne ausstechen, und Emma verziert sie mit hübschen Krallenmustern. Dann streut sie Kristallzucker drüber, und Otto schiebt das Backblech in den Ofen.
„Und was machen wir jetzt?", fragt Emma.
Otto bohrt gedankenvoll in der Nase. „Wie wär's mit Fischplätzchen mit Vanillegeschmack?", fragt er. „Extra für kleine Eisbären."
Die schmecken irrsinnig gut!
Dann machen sie noch Bärentatzen, gefüllt mit Blaubeermarmelade, und bringen sie ihrer Mama mit.

„Vergesst euren Adventsfisch nicht", sagt sie. Aber die Eisbärenkinder haben heute keinen Hunger mehr.

Kommt er?

Ich glaube, er kommt nicht", sagt Emil düster.
„Wer?", fragt Emma.
„Der Weihnachtsmann. Morgen ist es doch schon."
„Was?", fragt Emma.
„Weihnachten", ruft Emil verzweifelt. „Schau mal den Kalender an!"
Richtig, da hängt nur noch ein einziger, einsamer Adventshering.

Vater Eisbär liest gerade die Nordpol-Nachrichten. „Es ist ein Orkan angesagt ... Hört mal, es geht schon los!"
Der Sturm heult um die Höhle, und die Eisbärenkinder heulen auch gleich los: „Huhu, jetzt kann der Weihnachtsmann nicht mehr zu uns kommen!"
„Ruhig!", ruft Papa. „Ich hab draußen was gehört."
„Schau mal nach", meint Mama. „Ihr, Kinder, bleibt da, sonst bläst es euch weg."
Emil und Emma lauschen. Sie hören ein Schnauben.
„Bestimmt die Rentiere", sagt Mama.
Es bimmelt. „Sicher die Glöckchen an ihrem Schlitten."
Dann poltert es. „Jetzt hat der Weihnachtsmann den Geschenkesack abgeworfen", sagt Mama.
Die Augen der Eisbärenkinder leuchten.
Papa stolpert schneebedeckt mit einem Riesensack in die Höhle.
„Einen schönen Gruß vom Weihnachtsmann", keucht er.
„Er muss schnell weiter, bevor der Sturm noch schlimmer wird."
„Pfoten weg", sagt Mama streng, „der Sack wird erst morgen aufgemacht! Jetzt gibt es zum letzten Mal einen Adventshering für euch, und dann ab ins Bett!"

Endlich ist Weihnachten

Mama Eisbär zündet die Lichter am Stecknadelbaum an, und Papa Eisbär schüttet den Sack vom Weihnachtsmann aus. Und wirklich, die Eisbärenkinder haben ganz, ganz viele Zuckerheringe gekriegt und Emil einen Schneegleiter und Emma eine Eisbärpuppe. Sie rennen gleich zum Spielen raus.
Da kommt Paulchen Pinguin angewackelt. „Fröhliche Weihnachten!“, ruft er. Und dann kommen alle gehüpft und gekrochen, gepaddelt und gelaufen.
„Haha, hehe, hoho“, lacht Onkel Walross und hält Tante Robbe im Arm. „Du sollst diesmal nicht ins Wasser plumpsen, meine Liebe!“
Vetter Fuchs schleppt eine gebratene Gans. Aber die Preiselbeeren hat er vergessen. Das Eskimomädchen bringt Kerzen.
Der Kapitän und sein Koch tragen fünf Pfund Plätzchen und ein Päckchen vom Elch. Er hat Preiselbeeren aus der Tundra geschickt.
„Gott sei Dank!“, seufzt Vetter Fuchs.
Nach dem Essen führen Emil, Emma und Paulchen Pinguin ihr Krippenspiel vor, und dann singen alle. Der Kapitän begleitet sie auf seiner Ziehharmonika. Es wird gefeiert, dass der Nordpol wackelt.
„Weihnachten ist sooo schön, Mama“, sagt Emma glücklich.
„Das feiern wir nächstes Jahr wieder, oder?“, fragt Emil.
„Aber sicher“, brummt Papa.
„Schaut mal, Kinder!“
Der Weihnachtsstern saust funkelnd über die lustige Gesellschaft und ruft: „Fröhliche Weihnachten euch allen!“

Quellenverzeichnis

S. 12-37
Leicht veränderte Auszüge aus: Ingrid Uebe,
Träum schön, kleine Nixe,
farbig illustriert von Sigrid Leberer.

S. 40-65
Leicht veränderte Auszüge aus: Ingrid Kellner,
Die Freunde von der Arche Noah,
farbig illustriert von Pieter Kunstreich.

S. 68-93
Auszüge aus: Michael Schober,
Hier kommt die Wilde Feuerwehr,
farbig illustriert vom Autor.

S. 96-119
Leicht veränderte Auszüge aus: Julia Boehme,
Lach mit uns, kleiner Bär,
farbig illustriert von Sven Leberer.

S. 122-145
Auszüge aus: Ingrid Kellner,
Geburtstag bei Familie Hase,
farbig illustriert von Ute Krause.

S. 148-169
Leicht veränderte Auszüge aus: Ingrid Kellner,
Trixis erstes Hexenfest,
farbig illustriert von Regine Altegoer.

S. 172-201
Auszüge aus: Ingrid Kellner,
Frohe Weihnachten, Familie Eisbär!,
farbig illustriert von Michael Schober.